Feine Küche
für alle Tage

Weinberge am Kalterer See

Heinrich Gasteiger · Gerhard Wieser · Helmut Bachmann

Feine Küche für alle Tage

Rezepte aus dem Genussland Südtirol

VERLAGSANSTALT ATHESIA | BOZEN

UMSCHLAGFOTOS

Von links nach rechts: Knödel mit Blattsalaten
Schweinsfilet, rosa gebraten, mit Kartoffelrösti und Bohnen
Topfen-Johannisbeer-Omelett mit Joghurteis

ONLINE-KOCHSERVICE

Wenden Sie sich an uns, wenn Sie Fragen haben.
Anregungen sind uns jederzeit willkommen.

E-Mail: feine-kueche@so-kocht-suedtirol.it
Fax: 0039 0471 92 72 07
www.so-kocht-suedtirol.it
Athesia-Buchverlag · Silbergasse 21 · I-39100 Bozen

URHEBERRECHTE

November 2003 · Zweite Auflage

Lektorat: Kurt Hilber
Grafische Gestaltung: Athesiagrafik, Marion Prossliner
Gesamtherstellung: Athesiadruck, Bozen

ISBN 88-8266-227-6

www.athesiabuch.it
buchverlag@athesia.it

Die Schreibweise entspricht den Regeln
der neuen Rechtschreibung.

Inhaltsübersicht

VORSPEISEN

HAUPTSPEISEN

DESSERTS

GRUNDREZEPTE

Mehr als ein Kochbuch

»Feine Küche für alle Tage« ist ein Buch über die heutige Südtiroler Küche mit Rezepten für den täglichen Gebrauch und für besondere Festtage.

Geschmack ist ein Gefühl, und Kochen hat viel mit Sensibilität zu tun, die man lernen kann. Darum beinhaltet dieses Buch neben Rezepten auch einige wertvolle Tipps und Warenkundeinformationen, denn schließlich sind die Kenntnis der Qualitätskriterien und die richtige Verwendung der Lebensmittel die Grundvoraussetzungen für befriedigende Kochergebnisse. Das gilt für die Profiköche/-innen ebenso wie für ehrgeizige Hobbyköche/-innen.

Ohne frische Produkte erzielt auch der beste Koch keine guten Ergebnisse. In einer Zeit, in der die meisten Gemüse- und Obstsorten das ganze Jahr über erhältlich sind, muss man die tatsächlichen Erntesaisonen von Erdbeeren, Tomaten, Kartoffeln, Pilzen usw. genau kennen. Je mehr man über die einzelnen Produkte weiß, umso besser ist letztlich das Ergebnis auf dem Teller.

Der Unterschied zwischen Hobbykoch und Küchenchef besteht oft nur aus ein paar Handgriffen und Feinheiten, die scheinbar Unmögliches möglich machen, eine extravagante Gewürzkombination oder ein »Gewusst was« beim Einkauf.

»Feine Küche für alle Tage« ist mehr als ein Kochbuch: Kochkünstler aller Klassen finden darin Neues und Interessantes, aber auch Einfaches.

Das Buch ist durchgehend mit »appetitlichen« und informativen Fotos illustriert, alle Rezepte sind einfach und leicht nachvollziehbar beschrieben.

Es würde uns freuen, wenn Ihnen dieses Buch ein wertvoller Ratgeber im Küchenalltag wird.

Ihre Autoren

HEINRICH GASTEIGER
GERHARD WIESER
HELMUT BACHMANN

Damit Sie gut zurechtkommen

Gute Organisation ist alles!

»Feine Küche für alle Tage« ist nicht nur eine Frage des Könnens und der Übung, sondern vielmehr eine Frage der Planung:

• Bevor man mit dem Kochen beginnt, das Rezept genau **durchlesen** und alle Geräte und Zutaten in Griffnähe bereitstellen.

• Die Zeit **gut einteilen**: Während ein Gericht auf dem Herd oder im Backofen gart, kann man die Beilagen oder den Salat zubereiten.

• Das **Backrohr** oder den **Grill** rechtzeitig vorheizen, das verhindert unnötige Wartezeiten.

• **Töpfe**, die nicht mehr benötigt werden, sofort unter fließendem Wasser reinigen und abtropfen lassen.

• Mit vorbereiteten Zutaten lässt sich viel **Zeit sparen**! Bereits vom Fischhändler filetierten Fisch und vom Metzger in Ragoutwürfel geschnittenes Fleisch kaufen, das direkt weiterverarbeitet werden kann.

• Kontrollieren Sie, ob Sie über das passende Kochgeschirr verfügen, und wählen Sie die richtigen **Temperaturen**.

• Haben Sie Mut zum Ausprobieren!

• Nehmen Sie sich Zeit, die Speisen kreativ anzurichten, und haben Sie vor allem **Freude** am Kochen. Nur mit Freude, Lernbereitschaft, großem Fleiß und Ausdauer werden Sie Ergebnisse erzielen, die Ihnen und Ihren Gästen Befriedigung und Genuss bereiten.

Personenanzahl

Rechts neben jedem Rezept finden Sie die Personenanzahl. Wenn nicht anders angegeben, sind die Rezepte für **vier Personen**. Die Personenanzahl ist nur ein Richtwert. Unterschiede ergeben sich, wenn Sie das Gericht als Hauptspeise oder innerhalb einer Menüfolge servieren.

Maße und Gewichte

• Als **Mengenangaben** werden Liter (l), Milliliter (ml), Zentiliter (cl), Kilogramm (kg) und Gramm (g) verwendet.

• Bei **Löffelangaben** – Esslöffel (EL) oder Teelöffel (TL) – ist, wenn nicht anders angegeben, von einem mäßig gehäuften auszugehen.

• Eine **Messerspitze** (Msp.) ist jene Menge, die auf einem kleinen Gemüsemesser die Spitze bedeckt.

• Unter einer **Prise** versteht man die Menge, die man zwischen Zeigefinger und Daumen halten kann.

Zutaten

• **Fleisch**: Bei diesen Produkten gehen wir in der Regel von bereits küchenfertiger Ware aus, das heißt, dass das Fleisch von Häuten und Sehnen befreit ist.

• **Eier**: In den Rezepten sind mittelgroße Eier (M = 53 bis 63 g) berechnet. Daneben gibt es auch Eier der Größe S = unter 53 g, L = 63 bis 73 g und XL = 73 g und mehr.

• **Öl**: Darunter verstehen wir normales Samenöl, unter Olivenöl ein kalt gepresstes (olio d'oliva extra vergine).

• **Mehl**: Wenn in den Rezepten Mehl als Zutat genannt wird, ist Weizenmehl gemeint.

• **Speisestärke**: Als Speisestärke wird zumeist Weizenstärke verwendet. Sie können aber auch Kartoffel- oder Maisstärke verwenden.

Tipps

• Bei vielen Rezepten finden Sie Tipps und Empfehlungen. Es sind unter anderem Hinweise, welche Beilagen, Saucen, Cremen, Früchte usw. zu dem jeweiligen Gericht besonders gut passen.

Ganz nach Ihrem Geschmack

Die Besonderheiten einer Gegend, was Nahrungsmittel, die Essgewohnheiten und Vorlieben betrifft, machen die Küche erst interessant und unverwechselbar.
Voraussetzung für eine gehobene regionale Küche sind frische Produkte der landwirtschaftlichen Betriebe, die sich durch kleine Wirtschaftskreisläufe, kurze Transportwege, Vielfalt, transparente Kontrollsysteme und hohen Nährwert auszeichnen.
Wer dieser Überlegung folgt, kann den Kontakt zu den jeweiligen Lieferanten und Herstellern pflegen und dadurch die Qualität seiner Küche selbst in die Hand nehmen.
So haben die Speisen in diesem Buch den Bezug zu den Wurzeln des Landes, sind aber auch verbunden mit Einflüssen aus der mediterranen Küche und erfüllen gleichzeitig die Kriterien der modernen Küche.
Wir selbst entscheiden, wie gut ein Gericht sein kann, und selbst das einfachste Gericht kann zum Erlebnis werden.

Einkauf von Fleisch

Vertrauen zu Ihrem Metzger ist gut – eigenes Wissen und Beurteilen ist besser. Fleisch ist ein wertvolles und gesundes Nahrungsmittel, denn es enthält wichtige Nährstoffe, die der Mensch für Wachstum, Aufbau und zum Erhalten des Körpers braucht.

Die Qualität von Fleisch wird nach drei Gesichtspunkten beurteilt:
Genusswert: Aussehen (Farbe), Saftigkeit, Zartheit, Fettverteilung, Faserung;
Eignungswert: Schneidefestigkeit, Kocheignung, Brateignung, Ausbeute;
Gesundheitswert: Nährstoffgehalt, Kaloriengehalt, Verdaulichkeit, hygienische Beschaffenheit.

Wie erkennt man frisches Fleisch?

• Kräftig rot gefärbtes Fleisch mit ziemlich trockener Anschnittsfläche schrumpft in der Pfanne wenig und lässt sich gut braten. Das gebratene Fleisch ist saftig, schmackhaft und zart.

• Dunkles, purpurrotes Fleisch mit einer trockenen, leimig bis klebrigen Anschnittsfläche klebt (brennt) in der Pfanne leicht an! Das zubereitete Fleisch schmeckt fade.

• Blasses, schwammiges Fleisch, das sich am frischen Anschnitt durch starken Saftaustritt kennzeichnet, schrumpft in der Pfanne erheblich zusammen. Das zubereitete Fleisch (Schnitzel, Medaillons, Steaks) ist geschmacksarm, trocken und zäh.

• Achten Sie besonders auf: Farbe und Saftigkeit. Auf keinen Fall zu blasses und wässriges oder zu dunkles und trockenes Fleisch kaufen.

Fisch

Wie erkennt man frischen Fisch?

Bei einem Fisch, der penetrant nach Fisch riecht, hat die Zersetzung schon begonnen. Er ist also nicht frisch. Frischer Fisch riecht nach Meer, See oder Bach, je nachdem, wo er gefangen wurde.
Achten Sie beim Kauf in erster Linie auf:
Geruch: Fisch darf also nicht zu stark nach Fisch riechen.
Druckprobe: Fischfleisch muss in Sekundenschnelle wieder in die ursprüngliche Form zurück.
Augen: glänzen, sind klar und nach außen gewölbt.
Kiemen: feucht, glänzend, hellfarbig.
Schuppen: haften fest am Körper.

Richtig würzen

Frische Kräuter sind ein Muss. Sie passen zu fast jedem Gericht, und man kann sie ganz leicht selbst ziehen – egal ob Sie auf dem Land oder in der Stadt leben.

Pflanzen Sie auf jeden Fall Rosmarin, Salbei und Lorbeer an. Diese Pflanzen wachsen das ganze Jahr über im Freien an geschützten Plätzen. Rosmarin und Lorbeer aber besser an einem kühlen Platz im Haus überwintern. Und sie können auch über viele Monate geerntet werden.

• Da sich Kochsalz in Speisen sehr schnell verteilt, empfiehlt es sich, die Gerichte mit Kräutern und Gewürzen zuzubereiten und erst unmittelbar vor dem Servieren nach Bedarf zu salzen.

• Gewürze und Kräuter geben den einzelnen Speisen nicht nur das gewisse Etwas, sie tragen auch dazu bei, den meist viel zu hohen Salzverbrauch zu reduzieren.

• Vorsicht bei heißem Fett! Viele Gewürze werden bitter und verbrennen, z. B. Paprika.

• Gemahlene Gewürze nur in kleinen Mengen einkaufen. Licht- und aromageschützt getrennt in geschlossenen Behältern aufbewahren.

• Gewürze wie Pfeffer und Muskatnuss erst unmittelbar vor der Verwendung mahlen. So bleiben ihre Geschmacks- und Aromastoffe erhalten.

Gewusst wie!

Nicht immer klappt beim Kochen alles, wie man es sich wünscht – kleine Pannen gehören einfach dazu. Hier einige schnelle »Hilfen«, denn wer will schon gleich von vorne anfangen, nur weil nicht alles nach Rezept gelingt.

Wenn etwas anbrennt

Das Gargut sofort in einen anderen Topf füllen, möglichst ohne den angebrannten Bodensatz zu lösen. Ist zu viel Gargut schwarz geworden, lässt sich leider nichts mehr retten. Ursache: Zu starke Hitze oder zu wenig Flüssigkeit in Topf oder Pfanne.

Wenn das Fett zu dunkel wird

Unbedingt wegschütten, da es verbrannt schmeckt. Butter verträgt keine hohen Temperaturen. Wer auf den Buttergeschmack nicht verzichten will, mischt Butter mit Pflanzenöl.

Wenn ein Gericht im Ofen schnell bräunt

Ein Stück Alufolie auf den Braten oder die Form legen. Ursache: Zu starke Oberhitze, oder das Gericht wurde zu weit oben im Backofen platziert.

Überkochen verhindern

Dem Kochwasser, z. B. für Nudeln, etwas Öl zufügen. Milch kocht nicht so leicht über, wenn man einen Holzkochlöffel in die Flüssigkeit gibt oder wenn man den Rand des Topfes mit etwas Butter bestreicht.

Wenn Nudeln zusammenkleben

Kleben Nudeln nach dem Abgießen zusammen, kurz im Sieb mit Öl verrühren oder nochmals in das kochende Salzwasser tauchen, abseihen und auf einem Tisch ausbreiten.

Wenn ein Gericht zu stark gesalzen ist

Haben Sie in das Kochwasser für Gemüse, Nudeln, Kartoffeln oder Reis versehentlich zu viel Salz gegeben, Gargut in ein Sieb abgießen, mit Wasser abspülen und neu aufsetzen. Wurden Saucen, Suppen, Ragout oder Gulasch versalzen, empfiehlt es sich, mehr Flüssigkeit anzugießen. In eine versalzene Cremesuppe kann man eine rohe Kartoffel hobeln.

Wenn die Sauce gerinnt

Den Topf sofort vom Herd nehmen.
Wurde eine Sauce mit Butter gebunden und sie gerinnt, kurz mit dem Stabmixer aufschäumen. Wenn eine Sauce mit Eigelb und Sahne oder saurer Sahne gebunden werden soll, darf sie keinesfalls mehr kochen.

Eischnee oder Sahne schlagen

Eiweiß sollte zum Schlagen »Zimmertemperatur« haben. Das Gefäß und der Schneebesen müssen kalt und fettfrei sein.
Wenn sich das Eiweiß nicht schlagen lässt, eine Prise Salz oder einige Spritzer Zitronensaft zufügen.
Sahne muss zum Schlagen gut gekühlt sein. Am besten auch die Schüssel vorher kurz in den Kühlschrank stellen.

EINFÜHRUNG

Tipps für Obst, Beeren und Gemüse

Informationen über Einkauf, Frischemerkmale, Lagerung und einige Küchentechniken.

Äpfel

Wie bleiben Äpfel am längsten frisch?

Äpfel immer luftig, kühl und frostfrei lagern. Zu kalte Temperaturen vertragen Äpfel nicht; sie eignen sich auch nicht zum Tiefkühlen. Obwohl Äpfel recht robust wirken, sind sie ziemlich empfindlich. Kleine Verletzungen der Haut können schnell zu Fäulnis führen. Darum Äpfel nie in die Einkaufstasche »plumpsen« lassen, sondern entsprechend sorgsam anfassen und behandeln.

Kann man die Qualität eines Apfels an der Farbe erkennen?

Die Farbe eines Apfels sagt wenig über Qualität und Geschmack aus. Reife Äpfel erkennt man an der breiten und tief liegenden Kelchgrube. Ist diese nicht sehr ausgeprägt, wurden die Äpfel möglicherweise unreif gepflückt. Aroma und Vitamine konnten sich noch nicht richtig entwickeln. Achten Sie beim Einkauf auf die Herkunft. Ein frischer, heimischer Apfel ist auf jeden Fall weit gereisten Exemplaren vorzuziehen.

Beeren

Welche Erdbeeren schmecken am besten?

Kleine Erdbeeren schmecken besser, vorausgesetzt natürlich, dass sie optimal reif sind. Die Reife von Erdbeeren zu erkennen ist ganz leicht. Sie haben keine weißen oder grünlichen Flecken, sind intensiv rot und locken mit ihrem feinen Duft.

Soll man Beeren vor dem Verzehr waschen?

Beeren sollten möglichst nicht gewaschen, sondern nur abgetupft werden, andernfalls verlieren sie Aroma, Saft und Form. Verschmutzte Beeren gibt man in ein Sieb, braust sie kurz ab und lässt sie gut abtropfen. Eventuell auf ein Tuch geben. Auch nicht vor dem Waschen den Stängel entfernen.

Wie lagert man Erdbeeren?

Man sollte Erdbeeren nicht zu lange und zu kalt im Kühlschrank lagern. Sie verlieren sonst an Aroma. Grundsätzlich sollten Erdbeeren spätestens zwei Tage nach der Ernte gegessen bzw. verarbeitet werden. Aufpassen, dass tatsächlich alle Früchte ohne Beschädigung sind, denn schon eine nur ganz leicht faulige oder beschädigte Frucht reicht, um innerhalb kürzester Zeit alle rundum befindlichen Früchte zu infizieren.

Welche Beeren eignen sich besonders gut zum Tiefkühlen?

Vor allem kleine Beeren sind besonders gut zum Tiefkühlen geeignet. Der Grund: Himbeeren, Heidelbeeren, Brombeeren oder auch Walderdbeeren haben nicht so viel Wassergehalt wie etwa die Gartenerdbeere, die nach dem Auftauen zumeist eher wässrig und matschig wird.

Marillen (Aprikosen)

Woran erkennt man gute Marillen?

Grüne Früchte sind unreif und schmecken nach gar nichts. Geschmackvolle, reife Marillen haben mitunter schon rote Flecken und riechen auch durch die Schale. Entscheidend ist aber auch die Konsistenz des Fruchtfleisches. Ist dieses zu weich, schmeckt die Marille fast mehlig. Zu harte Marillen können ebenfalls enttäuschen, weil sie nach dem Pflücken nicht mehr reifen. Marillen kühl lagern und möglichst bald verbrauchen.

Birnen

Welche Birnen sollte man zum Kochen verwenden?

Am besten eignen sich festfleischige Birnensorten wie etwa Williams oder Kaiser Alexander.

Weintrauben

Kann man die Reife von Weintrauben auch optisch erkennen?

Ja, aber nur bei hellen Sorten. Reife Trauben sind gelbgrün bis bernsteinfarben. Unreife Trauben sind meist grünlich. Die roten Sorten sollte man kosten, was übrigens generell zu empfehlen ist.

Sind Trauben, die mit einem weißlichen Film überzogen sind, besonders stark gespritzt?

Nein, dabei handelt es sich um den so genannten »Nebeltau«, eine hauchdünne Wachsschicht, mit welcher sich die Beere vor Fäulnisbakterien und zu starker Verdunstung schützt. Weintrauben bleiben bei der Lagerung im Kühlschrank besonders lange frisch.

Gemüse

Gemüse sollte kurz und gründlich gewaschen werden. Wenn man Gemüse für lange Zeit ins Wasser legt, landen Vitamine und Mineralstoffe letztlich im Wasser statt im Magen. Generell sollte man beim Putzen nur das Nötigste wegschneiden, weil sich viele Nährstoffe in oder unter der Schale befinden.

Salat

Wie hält man Gemüse oder Salat länger frisch?

Die Luftfeuchtigkeit der Lagerumgebung sowie der Wassergehalt des jeweiligen Produktes spielen bei der Lagerung eine wichtige Rolle. **Die Faustregel:** Je höher der Wassergehalt, umso geringer die Lagerfähigkeit. Gemüse verliert durch Wasserverdunstung nicht nur an Gewicht, sondern auch rasch an Vitaminen. Blattgemüse wie Salat und Spinat ist dementsprechend nur sehr kurze Zeit haltbar. Besonders empfindlich sind zarte Frühlings- und Frühsommersalate wie Maikönig, Schnittsalat, Lollo rosso usw. Wintersalate wie Endivien,

Radicchio oder auch Chicorée sind dagegen robuster.

Wie bleibt Salat schön knackig?

Durch falsche Lagerung verliert Salat schnell seine knackige Frische und Qualität. Bei Zimmertemperatur gehen zudem licht- und wärmeempfindliche Vitamine verloren. Gute Lagerbedingungen bietet das Gemüsefach im Kühlschrank. Die nötige Luftfeuchtigkeit von ca. 90 Prozent erhält man durch Einwickeln des Salates in Klarsichtfolie, noch besser in eine Lage feuchtes Küchenpapier.

- Salat immer erst kurz vor dem Servieren anmachen (marinieren).

Wie behält grünes Gemüse beim Kochen seine schöne Farbe?

Indem man es blanchiert, also für kurze Zeit in kochendes Wasser legt, und danach mit eiskaltem Wasser abschreckt.

Brennnesseln

Junge Brennnesselblätter sind im Frühjahr am besten. Brennnesseln schmecken einen Hauch herber als Spinat und können genauso wie dieser zubereitet werden. Wer Brennnesseln selbst sammeln will, braucht unbedingt Handschuhe, denn der Name dieses Wildkrauts kommt nicht von ungefähr. Es gibt auch Zuchtformen, die nicht brennen und genauso schmecken.

Broccoli

Wie lässt sich Broccoli gleichmäßig garen?

Die festen Stellen sollten wie Spargel geschält und dann kreuzweise eingeschnitten werden, damit sie gleichmäßig mit den Röschen gar sind.

Kürbis

Welche sind die Frischemerkmale eines Kürbisses?

Glatte und harte Schale ohne Druckstellen und Risse. Kleine Kürbisse, wie der Moschuskürbis, sind meistens aromatischer und auch zarter als große Exemplare. Wenn der Kürbis beim Klopfen hohl klingt, ist er reif.

Wie lange kann man Kürbisse lagern?

Ganze Kürbisse mehrere Wochen; angeschnittene 2 bis 3 Tage.

Melanzane (Auberginen)

Man bekommt sie in verschiedenen Formen und Farben, z. B. eiförmig und weiß oder keulenförmig und dunkelviolett.

Wieso sollte man Melanzane nicht roh essen?

Aufgrund ihres Solaningehalts. Sie haben giftige Pflanzenteile (wie alle Nachtschattengewächse).

Wie erkennt man frische Melanzane und wie sollte man sie lagern?

Melanzane sollen prall und glänzend sein. Gelagert werden sie am besten in Küchenpapier eingewickelt im Gemüsefach des Kühlschrankes.

Paprikaschoten

Der Geschmack der Paprikaschoten ist je nach Farbe unterschiedlich!
Rote Paprikaschoten sind voll ausgereift, schmecken süßlich-mild und aromatisch und

haben fast doppelt so viel Vitamin C wie der herbere, noch nicht ganz reife grüne Paprika. Gelbe und orangefarbene Paprikaschoten sind reifer als grüne und sehr saftig.

Rohnen (Rote Bete)

Wie schält man Rohnen?

Wenn gekocht, am besten mit einem Löffel die Schale herunterschaben; wenn roh, mit einem herkömmlichen Messer schälen. Wenn man größere Mengen verarbeiten will, sollte man vorsichtshalber Gummihandschuhe tragen, denn Rohnen hinterlassen durch den Farbstoff »Betanin« eindrucksvolle Flecken.

Spargel

Wie erkennt man frischen Spargel?

Feste, gerade Stangen mit frischer Schnittfläche, beim Aneinanderreiben »quietschen« sie und beim Eindrücken geben sie Saft ab. Man lagert den Spargel am besten in einem feuchten Küchenpapier eingewickelt, dann hält er ca. 4 bis 6 Tage.

Wie kocht man Spargel am besten?

Ideal zum Spargelkochen ist natürlich ein spezieller Spargeltopf mit seinem herausnehmbaren Einsatz. Die Spitzen stehen dadurch nicht im Wasser und können nicht verkochen.

Tomaten

Wieso wird oft die Haut der Tomaten entfernt?

Sie ist unverdaulich, und der Magen wird übersäuert.

Weißkraut / Rotkraut

Wie sieht frisches Kraut aus?

Wirklich frisches Kraut erkennt man an seinem glänzenden Kopf und den noch saftigen und unbeschädigten Deckblättern. Saftig und knackig sollte frisches Kraut auch beim Halbieren des Kopfes sein. Wenn es beim Durchschneiden so richtig laut knackt, passt die Qualität. Kraut ist leicht frisch zu halten: Legen Sie ganze, aber auch angeschnittene Köpfe, in Folie eingewickelt, ganz einfach ins Gemüsefach des Kühlschrankes.

Wie behält Rotkohl seine schöne rote Farbe?

Wenn man dem Kraut beim Dünsten einen Schuss Essig zufügt.

Wie kann man Kraut fein schneiden?

Einfach und schnell mit Hilfe einer Aufschnitt- oder Brotschneidemaschine, aber auch mit einem Gemüsehobel kann man den Kohl in feine Streifen schneiden.

Zucchini

Soll man beim Einkaufen große oder kleine Zucchini nehmen?

Größe ist bei Zucchini eigentlich ein negatives Qualitätskriterium. Am besten schmecken kleinere Exemplare. Große Zucchini sind meist faserig und schmecken langweilig. Nicht zu kalt im Kühlschrank lagern, denn Zucchini werden dann sehr schnell weich und schlaff.

Zwiebeln / Schalotten

Wie lagert man Zwiebelgemüse?

Zwiebeln möglichst dunkel und trocken lagern. Nicht in einem Plastiksack, sonst werden sie feucht und schimmelig. Ungeschälte Zwiebeln, die deutlich riechen, sofort wegwerfen. Sie faulen und stecken sehr schnell die anderen Zwiebeln an.

Weniger Tränen beim Zwiebelschneiden

Um beim Zwiebelschneiden das »Weinen« einzuschränken, beide Hände unter fließendes kaltes Wasser halten und auch das Messer und das Schneidbrett vor dem Schneiden mit kaltem Wasser abspülen. Im Kühlschrank vorgekühlte Zwiebeln reizen ebenfalls weniger zu Tränen. Je stärker beim Schneiden einer Zwiebel die Augen tränen, desto frischer ist sie. Der Verursacher ist das Propanthial-S-Oxis, das unsere Tränendrüsen reizt. Zwiebeln immer mit einem scharfen Küchenmesser schneiden, so werden die Zellen weniger gequetscht und weniger ätherische Öle freigesetzt, die die Augen reizen.

Wie macht man scharfe Zwiebeln etwas milder?

Durch das Überbrühen (Blanchieren) mit heißem Wasser schmecken Zwiebeln viel milder und sind um einiges bekömmlicher. Ein Trick, der beispielsweise auch Kartoffelsalat wesentlich milder macht.

Verhaltensregeln zur Vermeidung von Salmonelleninfektionen

- Leicht verderbliche Lebensmittel tierischer Herkunft immer im Kühlschrank bei einer Temperatur unter 6 Grad aufbewahren.
- Lebensmittel, die als mögliche Träger von Salmonellen gelten, also vor allem Geflügel, Wild, Fisch, Eier, Krusten-, Schalen- und Weichtiere, getrennt von anderen Lebensmitteln aufbewahren und zubereiten.
- Beim Auftauen von gefrorenem Geflügel und Gefrierfleisch darauf achten, dass das Tauwasser nicht andere Lebensmittel verunreinigt.
- Geflügel, Hackfleisch und teils auch Fisch immer ganz durchbraten. Hackfleisch noch am Tag der Herstellung verbrauchen.
- Für bestimmte Eierspeisen (Tiramisu, Eischnee ...) pasteurisierte Eier verwenden.
- Eier immer im Kühlschrank aufbewahren.
- Bei Küchenarbeiten auf peinliche Sauberkeit achten. Vor und während der Küchenarbeit möglichst oft die Hände mit warmem Wasser und Seife waschen.

Vorspeisen
für alle Tage

Knödel mit Blattsalaten

4 Personen

Knödel

- 150 g schnittfestes Weißbrot oder Knödelbrot
- 40 g Zwiebel, fein geschnitten
- 20 g Butter
- 80 g Speck, fein gewürfelt
- 50 g Mehl
- 1 EL Schnittlauch oder Petersilie, fein geschnitten
- Salz
- 2 Eier
- 100 ml Milch oder Wasser

Blattsalate

- 160 g Blattsalate wie Vogelesalat, Frisée usw., je nach Jahreszeit
- 2 EL Weiß- oder Rotweinessig
- 4 EL Öl
- Salz
- 8 Radieschen

Knödel

Weißbrot in kleine Würfel schneiden. Zwiebel in der Butter dünsten, Speck dazugeben und etwas mitrösten. Zusammen mit Mehl, Schnittlauch oder Petersilie und Salz über das Brot geben und vermischen. Die Eier in der Milch verrühren, über das Brot gießen und alles gut vermengen. Die Knödelmasse etwas andrücken und ca. [15 MINUTEN] ziehen lassen. Dann 12 kleine Knödel formen und diese in einem großen Topf mit Salzwasser ca. [12–15 MINUTEN] wallend kochen.

Blattsalate

Inzwischen die Blattsalate putzen, mehrmals waschen, in mundgerechte Stücke zupfen, trocknen und in eine Schüssel geben. Den Salat mit Salz, Essig und Öl marinieren.

Fertigstellung

Jeweils drei gekochte Knödel auf die Teller geben. Den angemachten Salat rundherum anrichten und mit den in Scheiben geschnittenen Radieschen garnieren.

Tipps:

- *Knödel können Sie aus Semmeln, Weggen, Toastbrot, Brezen usw. herstellen.*
- *Zur Abwechslung geben Sie Bauchspeck, Servelatwurst, Knödelwurst usw. dazu.*
- *Maikönig, Eisberg, Radicchio, Eichblattsalat usw. eignen sich als Salat.*
- *Die Zutaten für den Salat kann man auch zuerst in einer Schüssel verrühren und dann erst mit dem Blattsalat vermischen. Auch geröstete Brotwürfel (Croûtons) passen dazu.*
- *Servieren Sie die Knödel in einer Fleischsuppe (siehe Seite 105).*
- *Die Knödel eignen sich auch als Beilage zu Schweinsbraten, Schweinsrippen usw.*
- *Beim Formen der Knödel sollten Sie die Knödelmasse mit nassen Händen fest zusammendrücken, damit die Oberfläche schön glatt wird und die Knödel nicht zerfallen.*
- *Die Knödelmasse darf beim Formen nicht zu feucht oder zu weich sein, sonst zerfallen die Knödel. Mischen Sie im Zweifelsfall lieber noch etwas Mehl unter den Teig.*
- *Die Salatblätter dürfen nicht nass sein, wenn sie mit der Salatsauce gemischt werden, sonst verwässert diese. Außerdem nehmen die nassen Salatblätter das Öl nicht gut auf.*

Spargel mit Speck und Ei

Spargel

12	weiße, gleich dicke Spargel
1 TL	Butter
2 EL	Weißwein
1 Msp.	Zucker, Salz

Kräutersalat

100 g	Salate wie Kresse, Frisée, Lollo rosso
	Verschiedene Kräuter wie Kerbel, Petersilie, Schnittlauch usw., je nach Jahreszeit

Salatsauce

30 ml	Weißweinessig
50 ml	Fleischsuppe (siehe Seite 105)
60 ml	Olivenöl
	Salz
	Pfeffer aus der Mühle

Pochierte Eier

1 l	Wasser
3 EL	Weißweinessig
½	Lorbeerblatt
2	Pfefferkörner
4	Eier

Weiteres

12	Scheiben dünn geschnittener Speck
1 EL	Pesto (siehe Seite 26)

Spargel

Spargel mit einem Sparschäler schälen, dabei die Hand stützend unter die Spargelstangen halten, damit sie nicht brechen. Holzige, angetrocknete Enden wegschneiden. Spargel mit einem Küchenfaden zusammenbinden. Salzwasser zum Kochen bringen, Butter, Weißwein und Zucker hinzufügen, Spargel hineinlegen und zugedeckt je nach Dicke [18–20 MINUTEN] kochen.

Kräutersalat

Salate putzen, waschen und trocknen. Kräuter putzen und abzupfen.

Salatsauce/Dressing

Essig und Fleischsuppe gut vermischen, Olivenöl einrühren. Mit Salz und Pfeffer würzen.

Pochierte Eier

Wasser mit Weißweinessig, Lorbeerblatt und Pfefferkörnern in einem kleinen Topf bis zum Siedepunkt erhitzen. Eier aufschlagen, ohne das Eigelb zu verletzen, und einzeln in eine Tasse geben. Ins Essigwasser gleiten lassen (falls die Eier am Pfannenboden haften bleiben, mit einer Spachtel oder einem Löffel lösen). Eier [3–5 MINUTEN] ziehen lassen. Das Eiweiß muss fest, das Eigelb jedoch weich sein. Mit einer flachen Schaumkelle Eier herausheben und auf Küchenpapier abtropfen lassen.

Fertigstellung

Pro Teller drei gekochte Spargel in je eine Speckscheibe einrollen. Ein Ei auf die Spargel legen. Den Teller mit dem Kräutersalat garnieren und die Salatsauce darüber träufeln. Mit Pesto verfeinern.

Variationen: • *Probieren Sie anstelle von Speck einmal Rohschinken, Bresaola oder Räucherlachs.*

Tipp: • *Eier zum Pochieren müssen frisch und gut gekühlt sein, damit das Eiweiß beim Garen optimal zusammenhält.*

Forellenfilets
mit Tomaten und Eisbergsalat

4 Personen

Forellen

- 4 Forellenfilets
- Salz
- Pfeffer aus der Mühle
- 2 EL Öl
- 1 EL Butter

Salat und Gemüse

- 2 Tomaten
- 1/2 Eisbergsalat
- Salz
- Pfeffer aus der Mühle
- 20 Erbsenschoten (Kaiserschoten)

Marinade

- 1 Schalotte oder 1 EL Zwiebel, fein geschnitten
- 2 EL Samenöl
- 4 EL Olivenöl
- 2 EL Apfelessig
- 5 EL Fleischsuppe (siehe Seite 105) oder Wasser
- 3 Basilikumblätter
- Salz
- Pfeffer aus der Mühle

Forellenfilets

Forellenfilets waschen und die Gräten herausziehen. Mit Salz und Pfeffer würzen. In einer Pfanne Öl und Butter aufschäumen lassen, die Filets einlegen und beidseitig ca. [2–3 MINUTEN] braten.

Tomaten

Tomaten waschen, den Strunk herausschneiden, die Tomaten in Scheiben schneiden. Mit Salz und Pfeffer aus der Mühle würzen.

Salat

Eisbergsalat putzen, waschen, mundgerecht zupfen und abtropfen lassen.

Kaiserschoten

Kaiserschoten waschen, putzen und halbieren. In Salzwasser ca. [2 MINUTEN] kochen, anschließend sofort abschrecken.

Marinade

Alle Zutaten (Schalotte, Öl, Essig, Fleischsuppe, Basilikum, Salz und Pfeffer) für die Marinade in ein hohes schmales Gefäß geben und mit dem Stabmixer mixen. Eventuell nochmals abschmecken.

Fertigstellung

Die lauwarmen Filets auseinander brechen, abwechselnd mit den Tomatenscheiben und den Eisbergsalatstücken übereinander schichten, mit der Marinade marinieren bzw. übergießen.

Variationen: • *Anstelle der Forellenfilets eignen sich auch Saiblings-, Lachsforellen- oder auch Lachsfilets.*

Tipps:
- *Probieren Sie das Rezept auch mit anderen Salaten der Saison.*
- *Anstelle der Erbsenschoten können Sie Bohnen, Zucchinischeiben usw. verwenden.*
- *Die Tomaten können Sie nach Wunsch auch mit etwas Knoblauch würzen.*

Garnelen mit Chicorée

Pesto aus Basilikum

20 g Basilikumblätter
10 g Petersilienblätter
60 ml Olivenöl
1 TL Parmesan, gerieben
1 TL Pignoli
1/2 Knoblauchzehe
wenig Salz
Pfeffer aus der Mühle

Chicorée

2 Chicorée
2 TL Zucker
Salz

Garnelen

20 Garnelen
3 EL Olivenöl
Salz
Pfeffer aus der Mühle

Weiteres

Feldsalat
Ricciosalat

Pesto aus Basilikum

Basilikum- und Petersilienblätter waschen und mit Olivenöl, Parmesan, Pignoli, Knoblauch, Salz und Pfeffer im Mixer fein pürieren und nochmals abschmecken.

Chicorée

Strunk wegschneiden, Chicorée entblättern und Blätter waschen. In einem breiten flachen Topf Zucker etwas braun werden lassen (karamellisieren). Sofort die trockenen Chicoréeblätter hineingeben, leicht salzen und ca. [3 MINUTEN] braten.

Garnelen

Garnelen aus der Schale brechen und den Darm entfernen, indem man mit einem kleinen Messer am Rücken leicht einschneidet und den Darm mittels Pinzette oder der Messerspitze herauszieht. Öl in einer flachen Pfanne erhitzen, Garnelen mit Salz und frisch gemahlenem Pfeffer würzen und ca. [2 MINUTEN] braten, dabei wenden.

Fertigstellung

Gedünsteten Chicorée und Garnelen auf Tellern anrichten und den leicht erwärmten Pesto darüber geben. Mit Feldsalat und Ricciosalat servieren.

Variationen:
- *Für dieses Rezept eignen sich auch Scampi, Shrimps, Riesengarnelen, Krabben, Flusskrebse, Jakobsmuscheln, aber auch Fischfilets von Forelle, Zander usw.*

Tipps:
- *Radicchio- und Endiviensalat passen gut zu diesem Gericht.*
- *Gut schmecken Garnelen auch, wenn Sie diese ungeschält auf Spieße stecken und in der Pfanne in etwas Öl bei mittlerer Hitze 5–7 Minuten braten.*
- *Würzen Sie die Garnelen mit Cayennepfeffer.*
- *Chicorée zeichnet sich durch ein fein-bitteres Aroma aus. Manchen ist er allerdings zu bitter. Wenn man ihn in lauwarmes Wasser legt, entzieht man ihm etwas an Bitterstoffen.*
- *Zur Abwechslung können statt des Basilikum-Pesto ein Kerbel- oder Rucola-Pesto oder auch gedünstete Tomatenwürfel gereicht werden.*

Bandnudeln mit Rohschinken

Nudelteig

150 g	Mehl
80 g	Hartweizenmehl
2	Eier
1 EL	Olivenöl
ca. 1 EL	Wasser
	Salz

Rohschinkensauce

100 g	Zwiebel
80 ml	Olivenöl
100 g	Rohschinken, in Streifen geschnitten
250 g	Tomatenwürfel
1	kleines Lorbeerblatt
	Salz
	Pfeffer aus der Mühle
1	kleiner, getrockneter Peperoncino
1	Knoblauchzehe, fein gehackt
1 EL	geschnittene Petersilie

Nudelteig

Alle Zutaten händisch oder mit der Küchenmaschine zu einem geschmeidigen Teig kneten und zugedeckt ca. [1 STUNDE] rasten lassen. Auf einer bemehlten Arbeitsfläche den Teig mit der Hand flach drücken und dann mit der Nudelmaschine beliebig dünn austreiben und zu Bandnudeln schneiden.

Rohschinkensauce

Zwiebel schälen, halbieren und in Streifen schneiden. Olivenöl erhitzen und die Zwiebel darin anbraten, den Rohschinken dazugeben und mitbraten. Tomatenwürfel und Lorbeerblatt hinzufügen, mit Salz, Pfeffer und dem fein gehackten Peperoncino würzen und kochen lassen, bis die Sauce etwas eingedickt ist (ca. [5 MINUTEN]). Kurz vor Ende der Garzeit Knoblauch und Petersilie dazugeben. Nochmals nachwürzen und die Sauce beiseite stellen.

Fertigstellung

Reichlich Salzwasser zum Kochen bringen, die Bandnudeln hineingeben, öfters mit dem Kochlöffel umrühren und die Nudeln ca. [2–3 MINUTEN] kochen. Abgießen, mit der Sauce vermischen und heiß servieren.

Tipps:

- *Zu diesem Gericht servieren Sie einen Blattsalat der Saison.*
- *Sie können auch Mozzarelline im letzten Moment dazugeben.*
- *Zum Kochen von 100 g Nudeln braucht man etwa 1 Liter Wasser und etwa 1 gehäuften Teelöffel grobes Salz.*
- *Geben Sie etwas Öl in das Kochwasser, dann verkleben die Nudeln nicht.*
- *Anstelle des Rohschinkens schmeckt auch Speck oder Bauchspeck.*
- *Bandnudeln als Fertigprodukt: Achten Sie auf die Garzeit auf der Verpackung!*
- *Probieren Sie das Rezept auch mit Maccheroncini, Orecchiette, Bucatini usw.*
- *Selbst gemachte Nudeln können Sie auch vollständig trocknen lassen oder einfrieren. Zum späteren Garen werden sie tiefgefroren ins kochende Salzwasser gegeben.*

Orecchiette mit Broccoli

Broccolisauce

200 g	Broccoli (1 Stück)
50 ml	Kochwasser vom Broccoli oder Fleischsuppe (siehe Seite 105)
50 ml	Olivenöl
1	Sardellenfilet
1/2	Knoblauchzehe, fein gehackt
1	Spritzer Zitronensaft
1 TL	Basilikum, geschnitten
1 TL	Petersilie, geschnitten
	Salz
	Pfeffer aus der Mühle
1/2	Peperoncino, fein gemahlen

Nudeln

320 g	Orecchiette

Weiteres

1	frischer Peperoncino, entkernt, in feine Ringe geschnitten, zum Servieren

Broccolisauce

Broccoli waschen, die Röschen abschneiden, Blätter entfernen und die Stängel schälen. Die geschälten Broccolistängel in Salzwasser ca. [15 MINUTEN] weich kochen, in ein Sieb schütten, kurz in kaltem Wasser abschrecken und in der Moulinette oder dem Mixer mit 50 ml Kochwasser vom Broccoli, Olivenöl, Sardellenfilet, Knoblauch, Zitronensaft, Basilikum und Petersilie fein pürieren. Mit Salz, Pfeffer und Peperoncino abschmecken. Salzwasser zum Kochen bringen, die Broccoliröschen ca. [4 MINUTEN] knackig kochen und sofort in kaltem Wasser abkühlen, damit die grüne Farbe erhalten bleibt. Nun die pürierten Broccolistängel mit den gekochten Röschen vermischen.

Fertigstellung

Orecchiette in reichlich Salzwasser [10–12 MINUTEN] (nach Angabe auf der Verpackung) kochen, öfters umrühren. Dann abseihen, gut abtropfen lassen und in der Broccolisauce schwenken, nochmals abschmecken, mit dem frischen Peperoncino bestreuen und servieren.

Variationen:
- *Maccheroncini, Farfalle, Bucatini, Fusilli, Garganelle und Penne passen ebenfalls zur Broccolisauce.*

Tipps:
- *Sie können auch Mozzarellawürfel vor dem Servieren dazugeben oder das Nudelgericht mit scharfer Salami verfeinern.*
- *In der Spargelsaison können Sie anstelle des Broccoli grünen Spargel verwenden.*

Farfalle
mit kleinen Tintenfischen

Fischsauce

400 g	frische Tintenfische, Kalmare oder Seppie
½	Zwiebel (50 g), in Würfel geschnitten
1	Knoblauchzehe, fein gehackt
50 ml	Olivenöl
30 ml	Weißwein
300 g	Tomatenwürfel oder Tomatensauce
1	frischer Peperoncino
60 g	schwarze Oliven
	Salz
	weißer Pfeffer aus der Mühle
2 EL	Basilikum, fein geschnitten

Nudeln

320 g	Farfalle

Fisch vorbereiten

Den Tintenfisch säubern. Den Kopf knapp hinter den Augen anfassen und vorsichtig aus dem Körperbeutel ziehen. Die weichen Innereien lösen sich so mit dem Kopf. Die Innereien entfernen. Den Kopf knapp unter den Fangarmen wegschneiden. Das schnabelförmige Maul, das sich in der Mitte der zusammenhängenden Fangarme befindet, vorsichtig mit den Fingern herausdrücken und wegwerfen. Den Knochen (Kalkblatt) herausziehen und entfernen. Die Haut abziehen, zuletzt den Tintenfisch nochmals gründlich waschen, trockentupfen und in Scheiben schneiden.

Fertigstellung

Zwiebel und Knoblauch in Olivenöl dünsten, Weißwein, Tomatenwürfel, Peperoncino und Oliven dazugeben, ca. [10 MINUTEN] kochen, die Tintenfische hinzufügen, mit Salz und Pfeffer würzen und einmal aufkochen lassen. Die Farfalle nach Packungsanweisung in reichlich Salzwasser bissfest kochen, abseihen und in der Tintenfischsauce schwenken. Mit geschnittenem Basilikum bestreuen und servieren.

Tipps:
- *Am besten Sie lassen sich den Tintenfisch schon vom Fischhändler ausnehmen und in Ringe schneiden.*
- *Verwenden Sie zur Abwechslung auch andere Nudeln zur Tintenfischsauce (z. B. Penne, Garganelli, Orecchiette usw.).*
- *Wenn Sie keinen frischen Peperoncino haben, so verwenden Sie getrockneten. Dabei sollten Sie jedoch vorsichtig sein, denn er ist sehr scharf.*

Kartoffelgnocchi mit Steinpilzen

4 Personen

Kartoffelteig/Gnocchi

400 g	mehlige Kartoffeln
2	Eigelb
1 EL	Butter
200 g	Mehl
1 Msp.	Muskatnuss, gerieben
	Salz

Steinpilzsauce

200 g	Steinpilze
3 EL	Olivenöl
40 g	Zwiebel, fein geschnitten
100 ml	Kalbssauce (siehe Seite 104)
100 ml	Sahne
2 EL	geschlagene Sahne
1 EL	Parmesan, fein gerieben
½	Knoblauchzehe, fein gehackt
	Salz
	Pfeffer aus der Mühle

Weiteres

	Petersilienblätter

Kartoffelgnocchi

Kartoffeln schälen, in grobe Würfel schneiden und in Salzwasser ca. [20–30 MINUTEN] kochen oder dämpfen. Abseihen, kurz auf dem Herd dämpfen lassen. Kartoffeln durch die Kartoffelpresse drücken, Eigelb, flüssige Butter, Mehl, Muskatnuss und Salz hinzufügen und zu einem glatten Teig verarbeiten. Aus dem Teig rasch gleich dicke Stränge (1 cm Durchmesser) formen und diese in ca. 1,5 cm lange Stücke schneiden. Die Gnocchi mit dem Daumen über eine Gabel rollen, damit sie ein Muster bekommen. Kartoffelgnocchi auf einen bemehlten Teller oder eine Platte geben und kalt stellen.

Steinpilzsauce

Steinpilze mit einem kleinen Messer putzen und mit einem sauberen, feuchten Tuch reinigen oder kurz abbrausen. Pilze in kleine Scheiben schneiden. In einer Pfanne Olivenöl leicht erhitzen, Zwiebel darin anschwitzen, Steinpilze dazugeben, kurz durchschwenken. Mit Kalbssauce und Sahne auffüllen und [5 MINUTEN] kochen lassen. Parmesan und Knoblauch hinzufügen, mit Salz und Pfeffer abschmecken.

Fertigstellung

In einem großen Topf reichlich Wasser zum Kochen bringen, salzen, Kartoffelgnocchi hineingeben, mit dem Holzkochlöffel vorsichtig umrühren und ca. [1 MINUTE] kochen, mit der Schaumkelle herausnehmen und zu der Steinpilzsauce geben. Kurz durchschwenken, die geschlagene Sahne dazugeben, nochmals abschmecken und mit Petersilienblättern servieren.

Tipps:
- *Je nach Jahreszeit können Sie die Kartoffelgnocchi mit Tomatenragout oder Tomatensauce, Käse- oder Kräutersauce, Champignons oder Pfifferlingen zubereiten.*
- *Die Kartoffelgnocchi können Sie roh einfrieren und bei Bedarf gefroren in Salzwasser kochen.*

Spinatnocken
mit brauner Butter und Parmesan

4 Personen

Spinatnocken

60 g	Zwiebel
1	Knoblauchzehe
2 EL	Butter
200 g	Blattspinat, gekocht
2	Eier
50 ml	Milch
1 EL	Mehl
150 g	schnittfestes Weißbrot, in Würfel geschnitten, oder Knödelbrot
1 Msp.	Muskatnuss, gerieben
	Salz
	Pfeffer aus der Mühle

Weiteres

30 g	Parmesan
70 g	Butter, gebräunt

Spinatnocken

Zwiebel und Knoblauch schälen, klein schneiden und in der Butter dünsten. Blattspinat fein hacken, dazugeben und mit Salz, Pfeffer und geriebener Muskatnuss würzen. Den Spinat mit den Eiern in einem Mixer pürieren. Pürierten Spinat, Milch, Mehl, Salz und Pfeffer zum Weißbrot geben und kräftig durchmischen. Etwa [15 MINUTEN] zugedeckt ruhen lassen. Inzwischen einen großen Topf Wasser zum Kochen bringen. Mit einem Löffel Nocken formen, in das kochende Salzwasser geben und [15–20 MINUTEN] sieden lassen.

Fertigstellung

Spinatnocken auf Teller geben und mit grob geriebenem Parmesan und brauner Butter servieren.

Variationen:
- *Aus dieser Spinatnockenmasse können Sie auch Spinatknödel herstellen.*
- *Wenn Sie Brennnesselnocken oder -knödel zubereiten, nehmen Sie anstelle des Spinats junge Brennnesseln.*

Tipps:
- *Servieren Sie die Nocken auf einer leichten Rahmsauce mit geschmolzenen Tomatenwürfeln oder mit grob gehobeltem Bergkäse und Nussbutter.*
- *Sie brauchen für 200 g blanchierten Blattspinat etwa doppelt so viel rohen Spinat.*
- *Die Kochzeiten einhalten! Kochen die Spinatnocken zu lange, werden sie hart.*
- *Sie können die Nocken auch mit den Händen formen. Beim Formen die Hände zwischendurch unter kaltes Wasser halten.*
- *Spinatnocken eignen sich auch gut zum Einfrieren. Die geformten und ungekochten Nocken auf einem Brett oder einer Platte in den Gefrierschrank geben. Sobald die Nocken gefroren sind (nach einigen Stunden), in Gefrierbeutel abfüllen und beschriften. Bei Bedarf die gefrorenen Nocken in siedendes Salzwasser geben und kochen. Sie brauchen etwas länger als frisch zubereitete Nocken.*
- *Servieren Sie einen Blattsalat zu den Spinatnocken.*
- *Sie können auch 30 g Käsewürfel in den Spinatnockenteig geben.*

Roggenteigtaschen
mit Spinatfüllung und Morcheln

Roggennudelteig

150 g	Roggenmehl
100 g	Weizenmehl
	Salz
1	Ei
40 ml	lauwarmes Wasser
1 EL	Öl

Spinatfüllung

50 g	Zwiebel, fein geschnitten
½	Knoblauchzehe, fein gehackt
1 EL	Butter
150 g	Spinat, gekocht (roh 300 g)
50 g	Topfen oder Ricotta
1 EL	Parmesan, gerieben
1 EL	Schnittlauch
1 Msp.	Muskatnuss, gerieben
	Salz und Pfeffer

Buttersauce

200 ml	Fleischsuppe, gewürzt
100 g	kalte Butter
1	Spritzer Zitronensaft
	Salz, weißer Pfeffer

Morcheln

20 g	getrocknete Morcheln, in Wasser eingeweicht
1 EL	Butter
100 ml	Kalbssauce (Seite 104)
2 EL	Schnittlauch

Roggennudelteig

Beide Mehlsorten vermischen, kranzförmig auf eine Arbeitsfläche geben und salzen. Ei mit Wasser und Öl verquirlen, in die Mitte gießen, von innen nach außen zu einem Teig verkneten und zugedeckt [30 MINUTEN] ruhen lassen.

Spinatfüllung

Zwiebel und Knoblauch in der Butter dünsten und auskühlen lassen. Topfen, fein gehackten Spinat, Parmesan und fein geschnittenen Schnittlauch dazugeben, mit Muskatnuss, Salz und Pfeffer würzen und gut verrühren. Teig mit der Nudelmaschine dünn austreiben und möglichst schnell verarbeiten, damit er nicht austrocknet. Mit einem runden, glatten Ausstecher Blätter von etwa 7 cm Durchmesser ausstechen. Füllung mit einem Löffel in die Mitte geben. Rand mit Wasser anfeuchten, den Teig halbmondförmig zusammenfalten und sofort mit den Fingern die Ränder andrücken. In Salzwasser [3–4 MINUTEN] kochen, mit einer Schaumkelle herausnehmen und anrichten.

Buttersauce

Fleischsuppe auf die Hälfte einkochen lassen. Butter einrühren und mit Zitronensaft, Salz und Pfeffer abschmecken.

Morcheln

Morcheln ausdrücken, in der Butter dünsten, mit etwas Kalbssauce ablöschen und ca. [5 MINUTEN] kochen lassen.

Fertigstellung

Roggenteigtaschen auf Teller geben, mit Morcheln, Buttersauce und fein geschnittenem Schnittlauch servieren.

Variationen:
- *Für die Füllung eignen sich auch Bärlauch, Brennnesseln, Mangold usw.*
- *Anstelle des Roggenteiges eignet sich auch ein Eiernudelteig (siehe Seite 106).*

Tipp:
- *Verwenden Sie je nach Saison Steinpilze oder Pfifferlinge.*

Brennnessel-Pressknödel
auf Krautsalat

Pressknödel

150 g	schnittfestes Weißbrot oder Knödelbrot
100 ml	Milch
100 g	Käse (Bergkäse, Gouda, Graukäse, Tilsiter oder Gorgonzola)
100 g	Brennnesseln, gekocht und gehackt
2	Eier
1 EL	Mehl
	Salz
100 g	Butter zum Anbraten

Krautsalat

1	kleiner Weißkohl (400 g)
	Salz
3 EL	Weißweinessig
4 EL	Öl
	weißer Pfeffer aus der Mühle

Weiteres

1	große Zwiebel
	Backfett
4 EL	Parmesankäse, gerieben
4 EL	braune Butter
	Petersilienblätter

Pressknödel

Weißbrot in kleine Würfel schneiden und in eine Schüssel geben. Milch erwärmen, den Käse reiben oder in Würfel schneiden. Brennnesseln zusammen mit Eiern, Mehl und Salz zum Knödelbrot geben. Die Masse gut durchkneten und ca. [15 MINUTEN] ruhen lassen. Zu Knödeln formen und diese mit der Hand flach drücken. In einer Pfanne die Butter erhitzen und die Pressknödel auf beiden Seiten braun braten. In der Zwischenzeit reichlich Wasser in einem Topf zum Kochen bringen, salzen und die Pressknödel darin ca. [5–8 MINUTEN] kochen.

Krautsalat

Außenblätter des Weißkohls wegschneiden, den Kopf vierteln und den Strunk herausschneiden. Sehr fein schneiden oder hobeln und in Salzwasser kurz abkochen. Das warme Kraut in einer Schüssel mit Salz, Weißweinessig, Öl und Pfeffer würzen und vermischen.

Gebackene Zwiebelringe

Zwiebel schälen, in nicht zu dünne Scheiben schneiden, so dass große Ringe entstehen, mit Mehl bestreuen und etwas abklopfen. Zwiebel in heißem Backfett goldgelb backen, auf Küchenpapier abtropfen lassen und leicht salzen.

Fertigstellung

Das Kraut anrichten, den gekochten Pressknödel daraufgeben, mit Parmesan bestreuen und mit brauner Butter abschmälzen. Mit den frittierten Zwiebelringen und den Petersilienblättern servieren.

Variation: • *Anstelle von Brennnesseln verwenden Sie Spinat.*

Tipps: • *Die Pressknödel schmecken auch in einer Fleischsuppe (siehe Seite 105).*
• *Anstelle von Krautsalat eignen sich auch Kartoffelsalat, Weiße-Rüben-Salat oder Blattsalate.*

Kräutersuppe

Kräutersuppe

40 g	Zwiebel oder Schalotten
½	Knoblauchzehe
1 EL	Butter (20 g)
1 Glas	Weißwein (⅛ l)
½ l	Fleischsuppe (siehe Seite 105) oder Wasser
200 ml	Sahne
50 g	frische, gezupfte Wildkräuter (z. B. Sauerampfer, Brennnesseln, Bachkresse) oder Küchenkräuter (Petersilie oder Kerbelblätter, Schnittlauch)
1 EL	kalte Butter
1	Spritzer Zitronensaft
	Salz
	weißer Pfeffer aus der Mühle

Weiteres

Sahne, Kräuter, Blüten zum Garnieren

Zwiebel oder Schalotten und Knoblauchzehe schälen, Zwiebel in Würfel schneiden und den Knoblauch fein hacken. Butter in einem Topf erhitzen, Zwiebel und Knoblauch darin dünsten, mit Weißwein ablöschen und die Flüssigkeit fast zur Gänze einkochen lassen. Dann mit der Fleischsuppe und der Sahne aufgießen. Die Suppe stark (auf zwei Drittel), ca. [5–8 MINUTEN], einkochen lassen. Nun die gewaschenen, geputzten und gezupften Kräuter dazugeben, nur kurz mitkochen und die Suppe im Mixer mit kalter Butter pürieren.

Mit Zitronensaft, Salz und frisch gemahlenem weißen Pfeffer abschmecken, mit einem Sahnehäubchen und einigen Kräutern und Blüten servieren.

Variationen:
- *Für die Spinatsuppe ersetzen Sie die Kräuter durch Spinat, für die Brennnesselsuppe natürlich durch Brennnesseln, für die Sauerampfersuppe natürlich durch Sauerampfer.*

Tipps:
- *In Butter geröstete Schwarzbrotwürfel oder Käsegebäck wie Stangen oder Kipferln schmecken wunderbar dazu.*
- *Geben Sie etwas Räucherlachs, in Streifen geschnitten, als Einlage in die Suppe.*
- *Als zusätzliche Einlage können Sie gekochte Gemüsestreifen wie Lauch, Karotten und Sellerie verwenden.*
- *Schwenken Sie geröstete Brotwürfel aus Toastbrot oder Schwarzbrot in 1 Esslöffel fein geschnittene Kräuter. So erhalten Sie ein feines Kräuteraroma.*

Ultner Bauernsuppe

Bauernsuppe

150 g	Zwiebel (2 Stück)
100 g	Speck oder Bauchspeck
50 ml	Öl zum Rösten der Zwiebeln und des Specks
50 ml	Öl für die Einbrenn (Mehlschwitze)
50 g	Mehl
1 l	Wasser oder Fleischsuppe (siehe Seite 105)
1	kleines Lorbeerblatt
1 Msp.	Kümmel, fein gehackt
	Salz

Zwiebeln schälen und in Streifen schneiden. Speck ebenfalls in Streifen schneiden. Öl in einem Topf erhitzen und die Zwiebeln braun rösten. Den Speck dazugeben und kurz mitrösten.
In einem zweiten Topf Öl und Mehl glatt rühren und unter ständigem Rühren hellbraun rösten. Die Einbrenn (Mehlschwitze) etwas auskühlen lassen und mit kaltem Wasser oder Fleischsuppe aufgießen und alles gut verrühren. Lorbeerblatt dazugeben, mit fein gehacktem Kümmel und Salz würzen und [15–20 MINUTEN] kochen lassen. Anschließend durch ein Sieb seihen.
Das Zwiebel-Speck-Gemisch dazugeben, nochmals aufkochen, abschmecken und servieren.

Variation:
- *Brotsuppe: Geben Sie in die fertige Suppe 100 g Schwarzbrotwürfel bzw. Würfel von Vinschgerlen.*

Tipps:
- *Bei der Mehlschwitze ist es wichtig, dass das Mehl langsam bräunt; die Bindung der Suppe wird dadurch besser.*
- *Bei der Mehlschwitze können Sie anstelle von Öl auch Butter verwenden.*

Hauptspeisen
für alle Tage

Zandersteak
auf Paprikaschotenragout

Paprikaschotenragout

1	große rote Paprikaschote zu ca. 200 g
1/2	Zwiebel (40 g) oder Schalotten, in kleine Würfel geschnitten
40 ml	Olivenöl
1/2	Knoblauchzehe, fein gehackt
4	Basilikumblätter, in Streifen geschnitten
	Salz
	Pfeffer aus der Mühle

Frittierter Lauch

60 g	Lauch, geschält
	Öl oder Fett zum Backen
	Salz

Zucchini

200 g	Zucchini
2 EL	Öl
	Salz
	weißer Pfeffer aus der Mühle

Zander

600 g	Zanderfilet
	Salz
	weißer Pfeffer aus der Mühle
3 EL	Olivenöl zum Braten
2	Thymianzweige
1	Rosmarinzweig

Paprikaschotenragout

Paprikaschote schälen, halbieren, putzen, waschen und in kleine Würfel schneiden. Olivenöl erhitzen und die Zwiebelwürfel darin goldgelb dünsten. Knoblauch und Paprikaschotenwürfel dazugeben, kurz durchschwenken und mit Salz, Pfeffer und Basilikum würzen.

Frittierter Lauch

Lauch in feine Streifen schneiden. Öl in einem kleinen Topf erhitzen. Lauchstreifen in das ca. [170 GRAD] heiße Fett geben (nicht zu viel auf einmal) und unter ständigem Rühren goldgelb frittieren. Die Lauchstreifen mit einem Sieb aus dem Fett nehmen und auf Küchenpapier abtropfen lassen. In eine Schüssel geben und salzen.

Zucchini

Zucchini putzen, waschen und in schräge Scheiben schneiden. Den Grill oder eine Pfanne mit Öl erhitzen und die Zucchinischeiben auf beiden Seiten schön braun braten oder grillen. Salzen und pfeffern.

Zander

Zanderfilet zu Steaks schneiden, salzen und pfeffern. Olivenöl in einer Pfanne erhitzen, Steaks auf der Hautseite ca. [3 MINUTEN] anbraten, Thymian und Rosmarin dazugeben, dann umdrehen und ca. [2 MINUTEN] fertig braten.

Fertigstellung

Paprikaschotenragout auf Teller geben, den Fisch darauf legen, die Zucchini rundherum anrichten, frittierte Lauchstreifen darauf geben und mit frischen Kräutern garnieren.

Variationen: • *Sie können auch Forellenfilet, Lachsforellenfilet, Saibling, Kabeljau usw. verwenden.*

Tipps: • *Als Beilage eignen sich Artischocken, Spinat, Fenchel, Kartoffelpüree oder Reis.*

• *Auch eine Fischsauce (siehe Seite 106) passt hervorragend dazu.*

Drachenkopffilet (scorfano) mit Melanzane-Tortelloni

4 Personen

Tortelloni

200 g	Melanzane
1	Schalotte oder 20 g Zwiebel
½	Knoblauchzehe
10 ml	Olivenöl
1 EL	Parmesan, gerieben
3 EL	Toastbrot, gerieben
1 EL	Petersilie, fein geschnitten
	Salz
	Pfeffer aus der Mühle
150 g	Nudelteig (½ Rezept von Seite 106)

Tomatensauce

200 g	frische Tomaten
2 EL	Olivenöl
1	Schalotte, gewürfelt
1	Knoblauchzehe, fein gehackt
	Salz, Pfeffer
2 EL	Olivenöl
4	Basilikumblätter, fein geschnitten

Drachenkopf

2	Drachenköpfe zu je 300 g
	Salz, Pfeffer
1 TL	Butter
	Alufolie

Tortelloni

Melanzane schälen und in kleine Würfel schneiden. Schalotte und Knoblauch schälen, fein hacken und in etwas Olivenöl dünsten. Melanzanewürfel dazugeben und mitdünsten. Parmesan, Toastbrot, fein geschnittene Petersilie, Salz und Pfeffer hinzufügen und kalt stellen. Den Nudelteig mit der Nudelmaschine dünn ausrollen und etwa 5 x 5 cm große Blätter ausschneiden. Auf die Nudelblätter einen Löffel von der Melanzanefüllung geben, den Teigrand mit etwas Wasser oder Eiweiß bestreichen, zusammenfalten und über den Finger drehen. Tortelloni auf ein bemehltes Tuch legen und bis zur Verwendung kalt stellen.

Tomatensauce

Tomaten waschen und in Stücke schneiden. Olivenöl leicht erhitzen und Schalotte und Knoblauch darin dünsten. Tomaten dazugeben, mit Salz und Pfeffer würzen und [30 MINUTEN] leicht köcheln lassen. Tomatensauce fein passieren und mit Olivenöl und Basilikum abschmecken.

Drachenkopf

Drachenköpfe filetieren, mit Salz und Pfeffer würzen, in einer Pfanne mit 1 Teelöffel Butter zuerst auf der Hautseite ca. [2 MINUTEN] braten, dann umdrehen, mit Alufolie abdecken und ca. [2 MINUTEN] lang ziehen lassen.

Fertigstellung

Die Tortelloni in Salzwasser [5 MINUTEN] kochen und mit den Drachenkopffilets und der Tomatensauce servieren.

Variationen:
- *Anstelle des Drachenkopfs verwenden Sie Zander, Kabeljau, Seeteufel, Wolfsbarsch, Steinbutt, Scholle usw.*

Tipps:
- *Als Garnitur passen in Streifen geschnittene, frittierte Melanzaneschalen und Basilikum.*
- *Wenn Ihnen die Zubereitung der Tortelloni zu aufwendig ist, verwenden Sie Bandnudeln.*

Schwertfisch auf mediterrane Art

4 Personen

Mediterranes Gemüse

- 250 g Tomaten
- 150 g Zucchini
- ½ Melanzane (200 g)
- 2 Artischocken, gekocht und geviertelt
- 4 Knoblauchzehen
- 2 EL Olivenöl
- Weißwein
- Salz und Pfeffer

Schwertfisch

- 600 g Schwertfischfilet
- 1 EL Zitronensaft
- Salz
- 2 EL Olivenöl zum Braten
- 20 g schwarzer Pfeffer, zerstoßen

Weiteres

- 8 Thymianzweige

Mediterranes Gemüse

Tomaten kreuzweise einritzen und 8–10 Sekunden (je nach Reifung) ins kochende Wasser geben, dann kurz in kaltes Wasser oder Eiswasser tauchen und die Haut abziehen, vierteln und entkernen. Zucchini und Melanzane waschen, putzen und in Scheiben schneiden, grillen und mit Salz und Pfeffer würzen. Artischocken großzügig putzen, alle holzigen Blätter und das »Heu« entfernen, vierteln und in etwas Olivenöl und Weißwein ca. [15 MINUTEN] dünsten, anschließend salzen.

Knoblauch schälen, mit Olivenöl und Thymian in Alufolie wickeln und im Ofen bei [160 GRAD] ca. [15 MINUTEN] backen.

Schwertfisch

Schwertfischfilet enthäuten und mit Zitronensaft ca. [15–20 MINUTEN] marinieren. Salzen und in einer Pfanne in heißem Olivenöl beidseitig ca. [8–10 MINUTEN] braten. Das gebratene Filet im Pfeffer wälzen, in Alufolie hüllen und am Herdrand etwas nachziehen lassen.

Fertigstellung

Gemüse (Tomaten, Zucchini, Melanzane, Artischocken und Knoblauch) im restlichen Bratfett erwärmen und würzen. Fisch aus der Alufolie nehmen, in schräge Scheiben schneiden, auf dem Gemüse anrichten und mit Thymian servieren.

Variation: • *Thunfischfilet eignet sich auch sehr gut.*

Beilagen: • *Sie können den Schwertfisch auch mit anderem Gemüse wie Fenchel, Paprikaschoten, Spinat, Sellerieknolle usw. servieren.*

Tipps: • *Auch eine Fischsauce (siehe Seite 106) passt dazu.*

• *In asiatischen Ländern wird der Schwertfisch hauptsächlich roh als »Sushi« gegessen. Die mediterrane Küche liebt ihn hingegen gebraten.*

Kabeljaufilet auf Kürbis

Kürbis

200 g	Kürbis, geputzt
100 ml	Wasser
	Salz
	weißer Pfeffer aus der Mühle
2 EL	Butter

Lauch

100 g	Lauchstreifen
	Salz

Kabeljau

700 g	Kabeljaufilet
1 EL	Zitronensaft
3	Petersilienstängel, grob geschnitten
	weißer Pfeffer aus der Mühle
3 EL	Öl zum Braten
	Salz
2 EL	Mehl
1	Ei

Weiteres

12	Kerbelblättchen
1 EL	Kürbiskerne, geröstet
100 ml	Fischsauce (siehe Seite 106)

Kürbis

Kürbis in feine Scheiben oder Rauten schneiden. In einer Pfanne die Kürbisscheiben mit Wasser, Salz und Pfeffer ca. [1–3 MINUTEN] zugedeckt dünsten und zum Schluss die kalte Butter dazurühren.

Lauch

Lauch putzen, der Länge nach durchschneiden, waschen und in feine Streifen schneiden. In Salzwasser blanchieren (aufkochen), anschließend abseihen und auf Küchenpapier trocknen lassen.

Kabeljau

Kabeljaufilet waschen, gut trocknen und in vier gleich große Stücke schneiden. Mit Zitronensaft, Petersilienstängeln und Pfeffer ca. [10 MINUTEN] marinieren. In einer flachen beschichteten Pfanne das Öl erhitzen. In der Zwischenzeit die Kabeljaufilets von den Petersilienstängeln befreien, salzen und in Mehl wenden, durch das verrührte Ei ziehen, mit den Lauchstreifen auf beiden Seiten bedecken und im heißen Öl auf beiden Seiten backen, ca. [3–4 MINUTEN].

Fertigstellung

Kürbis mit Saft auf Tellern anrichten, Kabeljaufilets darauf legen, mit Fischsauce beträufeln, mit Kerbelblättchen und Kürbiskernen garnieren.

Variationen:
- *Anstelle des Kabeljaus eignen sich auch Zander, Steinbutt, Rotbarsch, Heilbutt usw.*

Beilagen:
- *Servieren Sie dieses Gericht mit Zucchini, Fenchel, Artischocken, Paprikaschoten, Spinat, Sellerieknolle usw.*

Tipps:
- *Geschmacklich abrunden können Sie das Gericht mit einer aufgeschäumten Fischsauce.*
- *So erkennen Sie, ob der Fisch gar ist: Stechen Sie mit einem kleinen Messer in das Fleisch und öffnen Sie die Schnittstelle etwas, um ins Innere sehen zu können. Ist der Fisch innen nur noch ganz leicht glasig, ist er gar.*

Schweinsfilet, rosa gebraten mit Kartoffelrösti und Bohnen

Schweinsfilet

500 g	Schweinsfilet (2 Stück)
	Salz
	Pfeffer aus der Mühle
3 EL	Öl zum Anbraten
1	Rosmarinzweig
4	Salbeiblätter

Kartoffelrösti

200 g	Kartoffeln, festkochend
	Salz
1 Msp.	Muskatnuss
3 EL	Öl zum Braten

Bohnen

250 g	grüne Bohnen
40 g	Butter (1 EL)
	Salz
	weißer Pfeffer aus der Mühle

Zwetschgen

4	Zwetschgen (eventuell auch Dörrzwetschgen)
1 EL	Butter
½ TL	Staubzucker
4 EL	Rotwein

Weiteres

100 ml	Kalbssauce (siehe Seite 104)
4	Speckscheiben, gebraten
4	Kerbelsträußchen

Schweinsfilet

Schweinsfilets putzen, salzen und pfeffern. In einer heißen Pfanne mit Öl rundherum anbraten, auf die Kräuter legen und im vorgeheizten Backrohr ca. [15 MINUTEN] bei [160–180 GRAD] braten. Herausnehmen und [EINIGE MINUTEN] ruhen lassen, damit sich der Fleischsaft gleichmäßig im Fleisch verteilt und beim Aufschneiden nicht ausläuft.

Kartoffelrösti

Kartoffeln schälen, mit der Reibe grob raspeln und mit Salz und Muskatnuss würzen. Öl in einer beschichteten Pfanne heiß werden lassen, kleine Häufchen der Kartoffelmasse in die Pfanne geben und etwas flach drücken. Die Hitze reduzieren und die Rösti, sobald sie eine schöne braune Farbe bekommen haben, umdrehen. Auf der anderen Seite ebenfalls goldbraun rösten und zum Entfetten auf Küchenpapier geben.

Bohnen

Bohnen putzen, waschen und ca. [10 MINUTEN] kochen. In ein Sieb schütten und sofort mit kaltem Wasser abschrecken, um die grüne Farbe zu erhalten. Bohnen der Länge nach durchschneiden. Butter leicht erhitzen, Bohnen hinzufügen, mit Salz und Pfeffer würzen und durchschwenken.

Zwetschgen

Zwetschgen waschen, entsteinen und vierteln. In einer Pfanne die Butter mit dem Staubzucker karamellisieren, mit Rotwein löschen, Zwetschgen dazugeben und [EINIGE MINUTEN] dünsten.

Fertigstellung

Die Bohnen auf Teller geben, Schweinsfilets in Scheiben schneiden und auf den Bohnen platzieren, mit den Zwetschgen umgeben, die Rösti darauf verteilen und mit Kerbel, Speckscheiben und Kalbssauce servieren.

Ossobuco
mit Wurzelgemüse, geschmort

4 Personen

Ossobuco mit Wurzelgemüse

- 4 Kalbsossobuchi (Kalbsbeinscheiben) von der hinteren Stelze
- Salz und Pfeffer
- Paprikapulver
- 50 ml Öl zum Braten
- 80 g Zwiebel
- 50 g Karotten
- 50 g Sellerie
- 1 EL Butter
- 80 ml Weißwein
- 150 g Tomatenwürfel
- 1 l Kalbsbrühe oder Fleischsuppe (siehe Seite 105)
- 1 EL getrocknete Steinpilze
- 1 Rosmarinzweig
- 1 Thymianzweig
- 3 Salbeiblätter
- evtl. Speisestärke

Weiteres

- Safranrisotto (siehe Seite 106)
- 1 EL Knoblauch und Zitronenschale fein gehackt
- 1 EL Petersilie, geschnitten

Ossobuco mit Wurzelgemüse

Kalbsossobuchi mit Salz, Pfeffer und Paprika würzen. In einer Pfanne in heißem Öl auf beiden Seiten kräftig anbraten. Inzwischen das Wurzelgemüse (Zwiebel, Karotten, Sellerie) putzen, waschen und in kleine Würfel schneiden. Die angebratenen Ossobuchi aus der Pfanne nehmen. Eventuell Fett abgießen, Butter hinzufügen und Wurzelgemüse in der Pfanne etwas dünsten und mit Weißwein ablöschen. Tomaten und Kalbsbrühe sowie die Ossobuchi zum Gemüse geben, aufkochen lassen und fein geschnittene Kräuter und Steinpilze dazugeben. Zugedeckt im vorgeheizten Backrohr bei [160–180 GRAD] ca. [1½ STUNDEN] weich schmoren. Die Sauce nach Bedarf entfetten und wenn nötig mit in kaltem Wasser angerührter Speisestärke binden.

Fertigstellung

Safranrisotto in die Mitte des Tellers geben. Fleisch von den Knochen lösen und je einen Knochen auf den Risotto geben. Das Fleisch an den Rändern anrichten. Mit dem Gemüse und der Sauce bedecken, mit Knoblauch-Zitronen-Mischung bestreuen und anschließend Petersilie draufgeben.

Variationen: • *Anstelle von Kalb eignen sich auch sehr gut Stelzen vom Schwein, Lamm und Milchferkel.*

Beilagen: • *Es eignen sich auch Pilzrisotto oder Polenta.*

Tipps: • *Wenn Sie es etwas ausgefallener mögen, können Sie auch einige frittierte Lauchstreifen (siehe Seite 48) zum Gericht reichen und mit Kerbelblättern garnieren.*

• *Gutes Anbraten ist hier besonders wichtig, denn die Poren müssen geschlossen sein, bevor das Fleisch in der Flüssigkeit gart, sonst wird es trocken und zäh. Außerdem verleiht der Bratensatz der Sauce einen würzigen Geschmack.*

Schweinssteak
mit Apfel und jungem Gemüse

4 Personen

Selleriepüree

- 200 g Sellerieknolle
- 100 ml Milch
- 100 ml Sahne
- 30 g Butter
- Salz, Zitronensaft

Junges Gemüse

- 100 g Gartenkarotten
- 100 g Romanescoröschen
- 80 g grüner Spargel
- 80 g Zucchini
- 1 EL Butter
- Salz

Apfel

- 1 mittelgroßer Apfel
- 1 EL Butter
- 1 EL Zucker
- 4 EL Weißwein

Schweinssteak

- 4 Schweinssteaks zu je 140 g
- Salz
- Pfeffer aus der Mühle
- 2 EL Öl zum Braten
- 1 EL Butter
- 1 Rosmarinzweig
- 4 Salbeiblätter
- 4 EL Weißwein

Selleriepüree

Sellerieknolle schälen und in kleine Würfel schneiden. In einen kleinen Topf geben, Milch, Sahne und Butter dazugeben und ca. [20 MINUTEN] bei schwacher Hitze kochen, dann pürieren. Mit Salz und Zitronensaft abschmecken.

Junges Gemüse

Gemüse putzen, waschen, schneiden und kochen. Vor dem Anrichten in Butter schwenken und salzen.

Apfel

Apfel schälen, achteln, entkernen, in Spalten schneiden und ausstechen. In einer Pfanne Butter und Zucker goldbraun karamellisieren, mit Weißwein löschen, Apfelspalten dazugeben und [1–3 MINUTEN] gar ziehen lassen.

Schweinssteaks

Schweinssteaks mit Salz und Pfeffer würzen. Etwas Öl in einer Pfanne erhitzen, die Steaks dazugeben. Zuerst auf der einen Seite ca. [3 MINUTEN] garen und auf der anderen Seite nochmals [2 MINUTEN] braten. Die Steaks aus der Pfanne nehmen und [EINIGE MINUTEN] ruhen lassen. Öl wegschütten, kalte Butter, Rosmarin und Salbei dazugeben, mit Weißwein löschen, etwas einkochen lassen und abseihen.

Fertigstellung

Schweinssteaks auf die heißen Teller geben, die Apfelspalten rundherum legen, mit Selleriepüree, jungem Gemüse, der Sauce und evtl. Petersilienblättern servieren.

Variationen:
- *Kalbsrückensteak, Hühnerbrüstchen, Truthahnsteak.*

Tipps:
- *Das beidseitige Anbraten in heißem Öl bewirkt, dass sich die Fleischporen auf der Oberfläche leicht zusammenziehen und kein Fleischsaft austritt.*
- *Die Steaks können Sie auch mit einer Kräuter- oder Walnusskruste zubereiten.*
- *Es sieht hübsch aus, wenn man das Gemüse in einem Gitterkartoffelkörbchen serviert.*

Kalbsfilet mit Perlzwiebeln

Petersilienpüree

300 g	Petersilienblätter
	Salz
	weißer Pfeffer aus der Mühle
1	Spritzer Zitronensaft
2 EL	geschlagene Sahne

Perlzwiebeln

250 g	Perlzwiebeln, geschält
1 EL	Butter
1 EL	Zucker
	Salz
	weißer Pfeffer aus der Mühle
50 ml	Fleischsuppe (siehe Seite 105) oder Wasser

Kalbsfilet

600 g	Kalbsfilet (4 Steaks)
	Salz
	weißer Pfeffer aus der Mühle
100 ml	Kalbssauce (siehe Seite 104)

Pfifferlinge

200 g	Pfifferlinge
2	Schalotten oder 30 g Zwiebel
2 EL	Öl oder Butter
1 TL	Majoranblättchen
	Salz, weißer Pfeffer aus der Mühle

Petersilienpüree

Gewaschene und abgezupfte Petersilie in Salzwasser [5–8 MINUTEN] weich kochen und in Eiswasser abschrecken, abseihen und etwas ausdrücken. Fein pürieren und mit Salz und Pfeffer würzen. In einem Kochtopf erwärmen, mit Zitronensaft abschmecken und die geschlagene Sahne unterheben.

Perlzwiebeln

Perlzwiebeln in Salzwasser ca. [5 MINUTEN] kochen und abseihen. In einer Pfanne Butter erhitzen, etwas Zucker leicht bräunen, Perlzwiebeln dazugeben, mit Salz und Pfeffer würzen und mit Fleischsuppe ca. [3 MINUTEN] glasieren.

Kalbsfilet

Kalbsfilets würzen, in der Pfanne mit heißem Öl auf einer Seite ca. [3 MINUTEN] braten und auf der anderen Seite je nach Wunsch (englisch oder medium) weiterbraten. Das Fleisch vor dem Servieren ca. [3–5 MINUTEN] ruhen lassen.

Pfifferlinge

Pfifferlinge putzen, große Pilze vierteln und kurz waschen, Pfifferlinge mit den fein geschnittenen Schalotten in einer heißen Pfanne in etwas Öl kurz dünsten, mit Majoran abschmecken und mit Salz und Pfeffer würzen.

Fertigstellung

Kalbsfilets auf Teller geben. Mit Hilfe von zwei großen Löffeln je eine Nocke Petersilienpüree darauf setzen. Die Perlzwiebeln und die Pfifferlinge rund um das Steak anrichten, mit der Kalbssauce vollenden und servieren.

Variationen: • *Sie können auch Rinds-, Schweinsfilet, Spanferkelrückensteak oder Hühnerbrust verwenden.*

Beilagen: • *Es passen Spinatpüree, Sellerie-, Fenchel-, Kohlrabi- oder Kartoffelpüree zu diesem Gericht.*

Tipps: • *Als Garnitur eignen sich gekochte und in Butter geschwenkte Karottenstreifen.*
• *Je nach Jahreszeit können Sie auch Steinpilze oder Champignons verwenden.*

Roastbeef mit Rotweinsauce

4 Personen

Roastbeef

700 g	Roastbeef, flaches, niederes Teil, Salz
	Pfeffer aus der Mühle
3 EL	Öl
1 TL	Senf
1	Rosmarinzweig
2	Thymianzweige

Rotweinsauce

1/8 l	dunkler, kräftiger Rotwein
4 EL	roter Portwein
3 EL	Schalotten oder Zwiebel, in kleine Würfel geschnitten (50 g)
5	Pfefferkörner
1	kleines Lorbeerblatt
1	Thymianzweig
250 ml	braune Kalbssauce (siehe Seite 104)
	evtl. Speisestärke
	Salz, Pfeffer
1 EL	kalte Butter

Gemüse

100 g	gelbe Zucchini, geputzt
100 g	Artischocken, geputzt
50 g	Kaiserschoten, geputzt
1 EL	Butter, Salz

Roastbeef

Fleisch in zwei Stücke schneiden (als doppeltes Entrecote), salzen, pfeffern und in einer heißen Pfanne oder auf dem Grill zuerst auf einer Seite ca. [3 MINUTEN] anbraten, dann auf der anderen Seite ca. [2 MINUTEN] rosa braten. Das Fleisch mit Senf bestreichen, die Kräuter unter das Roastbeef geben und nochmals ca. [3 MINUTEN] am Herdrand ruhen lassen. So ist das Fleisch beim Anschneiden gleichmäßig rosa und der Fleischsaft tritt nicht aus.

Rotweinsauce

Rotwein und Portwein zusammen mit Schalottenwürfeln, Pfefferkörnern, Lorbeerblatt und Thymian stark (auf 1/5) einkochen. Braune Kalbssauce beigeben und [5 MINUTEN] leicht kochen lassen. Eventuell mit Speisestärke binden. Durch ein Sieb seihen und abschmecken. Dann die Butter mit dem Schneebesen in die Rotweinsauce einrühren.

Gemüse

Zucchini waschen und in Scheiben schneiden und zusammen mit den geviertelten Artischocken und den Kaiserschoten [3 MINUTEN] kochen, in Butter schwenken und salzen.

Fertigstellung

Roastbeef aufschneiden und in die Mitte der Teller legen. Rotweinsauce umgießen, mit gedünsteten Zucchini, Artischocken und Kaiserschoten sowie Thymian servieren.

Variationen:
- *Verwenden Sie anstelle von Roastbeef Enten- oder Taubenbrust.*

Beilagen:
- *Als Beilagen eignen sich Kartoffelpüree (siehe Seite 107), Grilltomaten, Spargel usw.*

Tipps:
- *Auf das Kartoffelpüree können Sie auch frittierte rote Kartoffelchips und Kerbel geben.*
- *Probieren Sie zum Roastbeef zur Abwechslung eine Sauce Hollandaise oder Sauce Béarnaise.*
- *Die Rotweinsauce lässt sich auch zu Gegrilltem wie Rindersteaks, Roastbeef im Ganzen gebraten usw. reichen.*
- *Nach Wunsch können Sie das Roastbeef auch mit einer Kruste aus Kräutern, Walnüssen, Oliven, Kartoffeln, Frischkäse, Pfeffer, Karotten, getrockneten Tomaten usw. zubereiten.*

Rinderwangen, geschmort
auf Nudelfleckerln

4 Personen

Rinderwangen

800 g	Rinderwangen
	Salz und Pfeffer
4 EL	Öl zum Anbraten
100 g	Zwiebel
80 g	Karotten
60 g	Stangensellerie
100 g	reife Tomaten
30 g	Tomatenmark
½ l	kräftiger Rotwein
¼ l	Portwein
1	Knoblauchzehe
½ l	Wasser oder Fleischsuppe (siehe S. 105)
4	Scheiben getrocknete Steinpilze
je 1	Thymian- und Rosmarinzweig
1	Salbeiblatt
½	Lorbeerblatt
2	Wacholderbeeren
1 EL	kalte Butter

Nudelfleckerln

80 g	Mehl
40 g	Hartweizenmehl
1	Ei
1	Eigelb
1 TL	Olivenöl, Salz

Weiteres

125 ml	Sahne
1 EL	Majoranblätter

Rinderwangen

Fleisch würzen, Öl erhitzen, das Fleisch auf allen Seiten scharf anbraten und aus der Pfanne nehmen. Gemüse (Zwiebel, Karotten, Sellerie) putzen, grob würfeln, in die Pfanne geben und anrösten. Tomaten und Tomatenmark hinzugeben, mit Rotwein und Portwein löschen, das Fleisch hinzufügen und die Flüssigkeit fast vollständig einkochen lassen. Knoblauchzehe, Wasser oder Fleischsuppe, getrocknete Pilze, Thymian, Rosmarin, Salbei, Lorbeerblatt und zerdrückte Wacholderbeeren dazugeben und im Rohr zugedeckt bei [160–180 GRAD] ca. [2½–3 STUNDEN] weich schmoren. Während des Schmorens das Fleisch öfters wenden. Fleisch aus der Pfanne nehmen und in Alufolie gepackt warm halten. Sauce zur richtigen Konsistenz ca. [10 MINUTEN] einkochen lassen, abschmecken, passieren und eventuell mit etwas in kaltem Wasser aufgelöster Speisestärke binden, mit Butter verfeinern und mit dem in Scheiben geschnittenen Fleisch servieren.

Nudelfleckerln

Alle Zutaten zu einem Teig verarbeiten, mit Klarsichtfolie abdecken und [30 MINUTEN] ruhen lassen. Mit der Nudelmaschine dünn ausrollen und in Fleckerln schneiden. In Salzwasser ca. [2 MINUTEN] kochen und abseihen.

Fertigstellung

Sahne auf die Hälfte einkochen lassen, Nudelfleckerln dazugeben. Rinderwangen darauf anrichten und mit Majoranblättern servieren.

Variationen: • *Anstelle der Rinderwangen kann man auch Tafelspitz, Nahtl oder Nuss vom Rind, Wangen, Schulternahtl, Stelzenfleisch, Tafelspitz vom Kalb oder Wildschulter verwenden.*

Beilage: • *Servieren Sie zu diesem Gericht gedünstete Pfifferlinge (siehe Seite 107).*

Tipp: • *Das Fleisch ist gar, wenn Sie es mit der Gabel gut einstechen können.*

Lammkarree
mit Kräuterkruste

Kräuterkruste

80 g	Butter
	Salz
	Pfeffer aus der Mühle
1	Eigelb
1 TL	Senf
60 g	Toastbrot, fein gerieben
4 EL	Kräuter (Petersilie, Thymian, Rosmarin, Majoran usw.)
1	Knoblauchzehe

Lammkarree

1 kg	Lammkarree
	Salz, Pfeffer
3 EL	Öl
1	Thymianzweig
1	Rosmarinzweig

Paprikaschoten

1	rote Paprikaschote
2	gelbe Paprikaschoten
2 EL	Olivenöl
1	Knoblauchzehe
1 EL	Thymian
	Salz

Weiteres

100 ml	Lamm- oder Kalbssauce (siehe Seite 104)
12	glasierte Schalotten (siehe Seite 107)

Kräuterkruste

Weiche Butter mit Salz und Pfeffer würzen. Eigelb und Senf dazugeben und gut verrühren. Brotbrösel mit den fein gehackten Kräutern und dem fein gehackten Knoblauch vermischen und unter die Buttermasse rühren.

Lammkarree

Vom Lammkarree das Fett wegschneiden, mit Salz und Pfeffer würzen. In einer heißen Pfanne im Öl von allen Seiten leicht anbraten. Anschließend im vorgeheizten Backrohr zusammen mit den Kräutern bei [180 oder 160 GRAD] ca. [10 MINUTEN] braten, herausnehmen und ca. [5–8 MINUTEN] zugedeckt ruhen lassen.

Paprikaschoten

Paprikaschoten waschen, mit einem Sparschäler schälen, putzen und in mittelgroße Rauten schneiden. In einer heißen Pfanne mit Olivenöl, fein gehacktem Knoblauch, Thymian und Salz bei schwacher Hitze ca. [10 MINUTEN] weich dünsten.

Fertigstellung

Kräutermasse auf das ausgekühlte Lammkarree streichen, etwas andrücken und im Salamander oder im Backrohr mit starker Oberhitze [250 GRAD] ca. [1–2 MINUTEN] gratinieren. Paprikaschoten und Schalotten auf Tellern verteilen, das Lammkarree in die Mitte geben, mit Thymian garnieren und mit der Lamm- oder Kalbssauce servieren.

Variationen: • *Anstelle von Lamm eignen sich auch Schweins- oder Kalbsfilet, Kalbs- und Schweinsrücken, Rehrücken usw.*

Beilagen: • *Reichen Sie als Beilagen Zucchini, Melanzane, Artischocken, Grilltomaten, Polenta, Kartoffelgratin, Petersilienpüree usw.*

Rehrücken mit Schupfnudeln

Kartoffel-Schupfnudeln

- 200 g Kartoffeln
- 1 Eigelb
- 1 EL Butter, zerlassen
- 60 g Mehl
- 1 Msp. Muskatnuss, gerieben
- Salz
- 2 EL Butter zum Schwenken

Rehrücken

- 600 g Rehrücken, geputzt
- 4 Wacholderbeeren, gehackt
- 2 Thymianzweige
- 1 zerdrückte, ungeschälte Knoblauchzehe
- Salz, Pfeffer
- 30 ml Olivenöl
- 1 EL Butter
- 200 ml Wildsauce (siehe Seite 104)
- evtl. Speisestärke

Wirsing

- ½ kleiner Kopf Wirsing (800 g)
- 50 g Butter
- 2 EL Zwiebel
- 100 ml Sahne
- Salz
- 1 Msp. Muskatnuss

Weiteres

- 4 Speckscheiben, gebraten
- 1 EL Wacholderbeeren
- 1 EL Petersilie, geschnitten

Kartoffel-Schupfnudeln

Kartoffeln schälen, in große Würfel schneiden und ca. [25–30 MINUTEN] kochen, dann abseihen. Durch die Kartoffelpresse drücken, mit Eigelb, Butter, Mehl, Muskatnuss und Salz zu einem Teig kneten. Aus dem Teig 5 cm lange fingerdicke Nudeln formen, die an den Enden spitz zulaufen. In kochendes Salzwasser geben, nach ca. [2 MINUTEN] herausnehmen und eventuell abschrecken.

Rehrücken

Rehfleisch mit Wacholderbeeren, Thymian, Knoblauch und etwas Olivenöl gut einreiben und [30 MINUTEN] im Kühlschrank marinieren. Dann die Gewürze abstreifen und das Fleisch mit Salz und Pfeffer würzen. In einer Pfanne Olivenöl erhitzen und das Fleisch darin ca. [4–5 MINUTEN] langsam rosa braten. Sofort aus der Pfanne nehmen und warm stellen. Fett ausschütten, kalte Butter und Wildsauce dazugeben. Sauce etwas einkochen lassen, eventuell mit in kaltem Wasser angerührter Speisestärke binden.

Wirsing

Wirsing klein hacken und in Salzwasser ca. [5 MINUTEN] weich kochen. Das Wasser abgießen. Eventuell mit kaltem Wasser abschrecken. Butter aufschäumen lassen, Zwiebel dünsten, Sahne und Wirsing dazugeben und ca. [5 MINUTEN] mit Salz und Muskatnuss leicht dünsten.

Fertigstellung

Schupfnudeln in Butter schwenken und salzen. Wirsing auf Teller geben, jeweils ein angeschnittenes Rehmedaillon dazugeben. Mit Wildsauce, Speck, Wacholder und Petersilie servieren.

Variationen: • *Hirsch- oder Gamsfleisch eignen sich ebenso gut.*

Beilagen: • *Blaukraut, Semmelknödel, Serviettenknödel, Polenta, Spatzlen usw.*

Tipps: • *Als weitere Zutaten für die Sauce passen Preiselbeeren, Sauerrahm, Kastanien, Birnen usw.*

Desserts
für alle Tage

Erdbeeren mit Weinschaum

Erdbeereis

- 125 g Erdbeeren
- 150 ml Milch
- 2 Eigelb
- 50 g Zucker, je nach Süße der Früchte

Marinierte Erdbeeren

- 350 g Erdbeeren
- 2 EL Zucker
- ½ Pkg. Vanillezucker
- 1 TL Zitronensaft

Weinschaum

- 1 Eigelb
- 1 EL Zucker (20 g)
- 3–4 EL Weißwein (40 ml)

Weiteres

- Zitronenmelisse zum Garnieren

Erdbeereis

Erdbeeren putzen und fein pürieren, durch ein Sieb streichen. Milch zum Kochen bringen. Eigelb mit Zucker schaumig rühren und zur Milch geben. Bis zur Rose erhitzen ca. [82 GRAD]. Gebundene Eimasse eventuell durch ein Sieb streichen und erkalten lassen. Fruchtmark zur Eimasse geben und in der Eismaschine gefrieren lassen.

Marinierte Erdbeeren

Erdbeeren kurz waschen, putzen und vierteln. In eine Schüssel geben, mit Zucker,Vanillezucker und Zitronensaft vermengen.

Weinschaum

Wasser in einem Topf zum Kochen bringen. Eigelb, Zucker und Weißwein in eine Schüssel geben und in heißem Wasserbad unter ständigem Rühren erhitzen, bis der Schaum bindet.

Fertigstellung

Erdbeeren in ein schönes Glas oder einen Becher geben. Weinschaum rundherum verteilen, eine Kugel Erdbeereis darauf geben, mit Zitronenmelisse garnieren und servieren.

Variationen:

- *Ersetzen Sie je nach Geschmack die Erdbeeren durch Himbeeren, Brombeeren, Heidelbeeren, Walderdbeeren usw.*

Tipps:

- *Wenn Sie anstelle des Weißweins Marsala verwenden, erhalten Sie eine Zabaione.*
- *Zur Rose erhitzen: Die Masse ist dann auf 82 Grad erhitzt, wenn sie auf dem Holzkochlöffel leicht haftet.*
- *Wer keine Eismaschine hat, füllt die Masse in ein flaches Gefäß und lässt sie im Tiefkühler gefrieren. Von Zeit zu Zeit umrühren.*

Reis »Trauttmansdorff«

Reis

- 50 g Rundkornreis (Arborio oder Carnaroli)
- ½ l Milch
- 50 g Zucker
- 1 Msp. Zitronenschale, gerieben
- 1 Pkg. Vanillezucker oder ½ Vanillestange, aufgeschlitzt
- 1 Prise Salz
- 2 Blatt Gelatine
- 30 g Sultaninen
- 2 EL Likör (z. B. Grand Marnier, Kirschwasser oder Maraschino)
- 150 ml geschlagene Sahne

Himbeeren

- 125 g Himbeeren

Weiteres

- 1 EL Sultaninen
- ½ TL Rum
- 4 EL Himbeersauce (aus pürierten Beeren)
- 1 EL Honig
- 1 TL Pistazien

Reis

Reis ca. [15 MINUTEN] in kaltem Wasser einweichen. Milch mit Zucker, Zitronenschale, Vanillezucker und Salz erwärmen. Den Reis dazugeben und bei schwacher Hitze ca. [30 MINUTEN] weich kochen. In der Zwischenzeit die Gelatineblätter in kaltem Wasser einweichen, ausdrücken und unter den heißen Reis rühren. Die etwas zerkleinerten Sultaninen zum Reis geben. Den Reis auf Eis oder im Kühlschrank etwas gelieren lassen. Kurz bevor die Reismasse stockt, Likör und geschlagene Sahne vorsichtig unterheben. Den Reispudding sofort in kalt ausgespülte Auflaufförmchen füllen und mindestens [2 STUNDEN] kalt stellen.

Fertigstellung

Sultaninen in Rum einweichen. Die Formen kurz in heißes Wasser tauchen, auf die Teller stürzen. Himbeeren rundherum anrichten. Den Teller mit Himbeersauce verzieren, den Reis mit etwas Honig beträufeln und mit grob gehackten Pistazien und Sultaninen garnieren.

Tipps:

- *Den Reispudding können Sie auch mit anderen Früchten der Saison beliebig garnieren.*
- *Anstelle der Sultaninen eignen sich auch kandierte Früchte.*
- *Wenn Sie keine kleinen Formen haben, können Sie den Reispudding auch in eine Tasse oder eine kleine Kuchenform geben.*
- *Milchreis brennt schnell an. Rühren Sie daher immer sorgfältig bei nicht zu starker Hitze.*

Marillenknödel

Topfenteig

40 g	Butter
10 g	Zucker
1 Pkg.	Vanillezucker
1 Prise	Salz
1	Ei
150 g	Topfen
50 g	Mehl

Weiteres

6	kleine Marillen
60 g	Rohmarzipan zum Füllen
1 EL	Butter
60 g	Weißbrotbrösel oder süße Brösel
½ TL	Zimt
2 EL	Zucker
2 EL	Butter zum Abschmälzen

Topfenteig

Weiche Butter, Zucker, Vanillezucker und Salz schaumig rühren. Ei, Topfen und Mehl einrühren. Den Teig ca. [15 MINUTEN] im Kühlschrank zugedeckt ruhen lassen.

Marillen

Marillen waschen, trocknen, einschneiden, jedoch nicht ganz durchschneiden, den Kern herausnehmen und mit je 10 g Rohmarzipan füllen.

Fertigstellung

Topfenteig auf einer bemehlten Arbeitsfläche dünn ausrollen und in sechs gleiche Quadrate (7 x 7 cm) schneiden. Nun die Teigquadrate um die Marillen gut verschließen und Knödel formen. In kochendem Salzwasser ganz leicht ca. [8 MINUTEN] sieden. Butter zerlassen, Brösel darin unter ständigem Rühren leicht rösten. Marillenknödel aus dem Wasser heben, gut abtropfen lassen, dann in den Bröseln wälzen, mit Zucker und Zimt bestreuen und mit Butter abschmälzen.

Variationen:
- *Zwetschgenknödel: Verwenden Sie anstelle der Marillen Zwetschgen.*
- *Wenn Sie Kirsch- oder Erdbeerknödel machen, lassen Sie das Marzipan weg.*

Tipps:
- *Anstelle des Rohmarzipans eignet sich auch Würfelzucker.*
- *Zu den Marillenknödeln passt eine Erdbeer- oder Vanillesauce.*
- *Man kann die Knödel auch in Krokantbröseln wälzen.*
- *Kartoffelteig eignet sich auch für dieses Gericht.*

Kastaniendessert mit Mango

Kastanienpüree

400 g	Kastanien
500 ml	Milch
150 g	Staubzucker

Kastaniencreme

1	Ei
1	Eigelb
40 g	Zucker
3	Blatt Gelatine, eingeweicht
2 EL	Kirschwasser oder Rum
150 g	Kastanienpüree
200 ml	Sahne, geschlagen

Blätterteig

300 g	Blätterteig
1	Eigelb zum Bestreichen

Mango

1	reife Mango

Weiteres

8	Kugeln Schokoladeeis
12	Trauben, halbiert
2 EL	Himbeersauce
4	Zitronenmelisseherzen

Kastanienpüree

Kastanien mit dem Messer auf dem Rücken einschneiden und bei [200 GRAD] im Backrohr rösten, ca. [30 MINUTEN], bis sie sich schälen lassen; oder ungeritzt ca. [40 MINUTEN] ohne Salz kochen. Schälen und mit Milch [25 MINUTEN] weich kochen. Durch die Handpassiermaschine oder die Kartoffelpresse drücken, mit Staubzucker vermischen.

Kastaniencreme

Ei, Eigelb und Zucker im heißen Wasserbad warm aufschlagen und dann kalt weiterschlagen. Gelatineblätter ausdrücken und mit Kirschwasser im warmen Wasserbad auflösen. Eigelbmasse mit Gelatine und Kastanienpüree vermengen. Sahne nach und nach vorsichtig unterheben.

Blätterteig

Blätterteig auf einer bemehlten Arbeitsfläche zu einem Rechteck ca. ½ cm dünn ausrollen und 4 runde, ca. 8 cm große Blätter ausstechen. [20 MINUTEN] kalt stellen. Anschließend mit Eigelb bestreichen und im vorgeheizten Backrohr bei [220 GRAD] ca. [10–15 MINUTEN] backen.

Mango

Mango schälen, das Fruchtfleisch vom Kern lösen und aus dem Mangofleisch schöne Filets schneiden. Die restlichen Abschnitte der Mango im Mixer pürieren.

Fertigstellung

Teigblätter halbieren, eine Hälfte mit Kastaniencreme füllen und die zweite Hälfte drauflegen. Etwas Creme auf den Blätterteig streichen. Restliches Püree mit der Handpassiermaschine direkt auf das Törtchen passieren. Mangosauce, Mangoscheiben, Trauben und Himbeersauce auf Tellern anrichten, das Kastanientörtchen mit Schokladeeis darauf geben und mit Zitronenmelisse dekorieren.

Tipps: • *Zu den Kastanientörtchen passen auch Vanillesauce oder karamellisierte Äpfel.*

Vanillesoufflé
mit Erdbeersalat

Vanillesoufflé

125 ml	Milch ($^1/_8$ l)
1 Pkg.	Vanillezucker oder 1 Vanilleschote
35 g	Butter
25 g	Mehl
2	Eigelb
2	Eiweiß
1 Prise	Salz
40 g	Zucker

Erdbeersalat

250 g	Erdbeeren
1 EL	Staubzucker oder Zucker
1 EL	Rum oder Grand Marnier

Weiteres

	Butter zum Ausstreichen der Formen
	Zucker zum Ausstreuen der Formen
4	Zitronenmelisseblätter zum Garnieren
	Staubzucker

Vanillesoufflé

Auflaufformen mit Butter ausstreichen und mit Zucker bestreuen. Das Backrohr auf [150–160 GRAD] vorheizen. Milch mit Vanillezucker oder aufgeschlitzter Vanilleschote aufkochen lassen. Von der Vanilleschote das Mark herausschaben. In der Zwischenzeit Butter in einem kleinen Topf schmelzen, Mehl einrühren und mit der heißen Milch eine dicke Béchamelsauce kochen. Den Topf vom Herd nehmen, etwas auskühlen lassen. Dann das Eigelb einrühren. Eiweiß mit Salz aufschlagen und mit Zucker zu Eischnee schlagen. Nach und nach unter die Masse heben. Die Masse in die Formen ¾ voll einfüllen. Einen passenden Topf mit Backpapier auslegen, dann zwei Finger hoch heißes Wasser einfüllen, die Soufflés hineinstellen, in das vorgeheizte Backrohr geben und ca. [35 MINUTEN] backen.

Erdbeersalat

Erdbeeren kurz waschen, auf Küchenpapier trocknen, putzen und in gleichmäßige Scheiben schneiden. Mit Zucker, Rum oder Grand Marnier marinieren.

Fertigstellung

Marinierte Erdbeeren kreisförmig auf flachen Tellern anrichten, Vanillesoufflé auf den Erdbeersalat stürzen, mit Zitronenmelisse garnieren, mit Staubzucker bestreuen und sofort servieren.

Tipps:
- *Sie können anstelle der Erdbeeren auch Himbeeren oder Brombeeren verwenden.*
- *Je nach Jahreszeit passt Marillen-, Pfirsich-, Pflaumen- oder Apfelkompott dazu.*

Apfelspalten mit Zimtparfait

Schokoladetüte

300 g Kuvertüre

Zimtparfait

1 Ei
2 Eigelb
60 g Zucker
1 EL Cognac oder Rum
½ TL Zimtpulver
200 ml Sahne, geschlagen

Backteig

125 g Mehl
125 ml Milch oder Bier
2 Eigelb
½ Pkg. Vanillezucker
1 EL Öl
2 Eiweiß
1 Prise Salz
1 EL Zucker

Apfelspalten

2 Äpfel, mittelgroß
1 TL Zitronensaft
Backfett
Zucker und Zimt zum Wälzen

Weiteres

Vanillesauce (siehe Seite 107)
80 g Himbeeren
Zitronenmelisse zum Garnieren

Schokoladetüte

Schokolade etwas zerkleinern und im heißen Wasserbad schmelzen. Eine stabile Sichtfolie oder dickes Nylon in vier Dreiecke zu 10 bis 12 cm schneiden. Schokolade mit einer Palette dünn aufstreichen und zu einem Stanitzel zusammenrollen. In einen Karton vier runde Löcher von ca. 3 cm Durchmesser ausschneiden und die Schokoladestanitzel mit der Spitze nach unten kalt stellen.

Zimtparfait

Ei und Eigelb mit Zucker warm und dann kalt schlagen. Cognac und Zimt einrühren. Sahne vorsichtig unter die Masse heben. Sofort in die gekühlten Schokoladestanitzel füllen und [2 STUNDEN] ins Gefrierfach stellen.

Backteig

Mehl mit Milch oder Bier glatt rühren. Eigelb, Vanillezucker und Öl einrühren. Eiweiß mit Salz aufschlagen, mit Zucker zu Schnee schlagen und unter die Teigmasse ziehen.

Apfelspalten

Äpfel schälen, das Gehäuse entfernen und in ½ cm dicke Spalten schneiden. Mit Zitronensaft beträufeln, mit einer Gabel in den Backteig tauchen und im heißen Fett auf beiden Seiten backen. Auf Küchenpapier legen. Zucker und Zimt vermischen und die Apfelspalten darin wälzen.

Fertigstellung

Mit Vanillesauce einen Saucenspiegel gießen, vom Schokoladestanitzel mit Zimtparfait die Folie abziehen und darauf setzen, die Apfelspalten dazulegen und mit Himbeeren und Zitronenmelisse dekorieren.

Tipps:
- *Das Zimtparfait kann man auch in eine größere Form geben und dann gefrieren lassen.*
- *Mit Vanillesauce (siehe Seite 107) in Kombination mit kalter Fruchtsauce wie Erdbeer-, Himbeer- oder Schokoladesauce lassen sich sehr attraktive Saucenmuster herstellen.*

6 Personen

Himbeerhalbgefrorenes

Himbeerhalbgefrorenes

150 g	Himbeeren
80 g	Staubzucker
½ TL	Zitronensaft
1 EL	Grand Marnier oder Rum
300 ml	Sahne, geschlagen

Hippenmasse

22 g	Mehl
32 g	Zucker
25 g	Butter, zerlassen
25 g	Eiweiß

Joghurtsauce

125 g	Naturjoghurt (oder Bananen-, Aprikosen- oder Vanillejoghurt)
1 TL	Honig oder Staubzucker

Weiteres

300 g	Himbeeren

Himbeerhalbgefrorenes
Himbeeren in ein schmales, hohes Gefäß geben, mit dem Stabmixer pürieren und eventuell durch ein Sieb streichen. Fruchtmark mit Staubzucker, Zitronensaft und Grand Marnier oder Rum vermischen. Sahne unterheben. Die Parfaitmasse in in kaltes Wasser getauchte runde Formen füllen und mindestens [2 STUNDEN] gefrieren lassen.

Hippenmasse
Mehl, Zucker, Butter und Eiweiß gut miteinander verrühren und ca. [15 MINUTEN] in den Kühlschrank stellen. Den Backofen auf [180 GRAD] vorheizen. Auf ein leicht gebuttertes Backblech dünne, längliche Streifen der Hippenmasse mittels einer Schablone dünn aufstreichen und ca. [2–3 MINUTEN] hellbraun backen. Sofort über einen runden Gegenstand (Tasse, Nudelholz oder Terrinenform) legen.

Joghurtsauce
Den Joghurt mit Honig oder Staubzucker verrühren.

Fertigstellung
Himbeeren auf einem flachen Teller anrichten. Das Himbeerparfait am Rand der Form mit einem Messer rundherum einschneiden oder kurz in heißes Wasser tauchen, aus der Form nehmen, schräg halbieren und mit den Himbeeren anrichten. Mit der Joghurtsauce verzieren, die Hippen dekorativ anordnen und gleich servieren.

Variationen:
- *Versuchen Sie zur Abwechslung Erdbeer- oder Walderdbeerparfait.*

Tipps:
- *Sie können anstelle von Joghurt Vanillesauce (siehe Seite 107) oder Zimtsauce verwenden.*
- *Selbstverständlich kann man auch gefrorene Himbeeren verwenden.*
- *Kaffeetassen eignen sich sehr gut, um das Himbeerhalbgefrorene einzufrieren.*
- *Die übrige Hippenmasse streichen Sie auf ein gefettetes Backblech und backen sie. Verwendung als Dekoration für Eisbecher oder als süße Brösel für eine Strudelfüllung.*

Südtiroler Apfelknödel

Apfelknödel

150 g	Apfelwürfel
1 TL	Butter
50 g	Mandeln, gerieben
50 g	Brösel
½ Pkg.	Vanillezucker
½ Msp.	Zimt
1 TL	Rum
¼	Zitronenschale, gerieben
einige	Spritzer Zitronensaft
1	Eigelb
1	Eiweiß
1 TL	Zucker (10 g), je nach Süße der Äpfel
	Backfett

Marinierte Erdbeeren

250 g	Erdbeeren
1 EL	Zucker

Weiteres

	Pfefferminze zum Garnieren
1 EL	Joghurt

Apfelknödel

Die Apfelwürfel in der Butter kurz dünsten (Flüssigkeit eventuell abschütten). Mandeln, Brösel, Vanillezucker, Zimt, Rum, Zitronenschale, Zitronensaft und Eigelb hinzufügen. Eiweiß mit Zucker zu Schnee schlagen und unterheben. Die Knödelmasse ca. [15 MINUTEN] ruhen lassen. Daraus kleine Knödel formen und im Kühlschrank ca. [20 MINUTEN] kühlen.

Marinierte Erdbeeren

Erdbeeren putzen, kurz waschen und auf Küchenpapier abtropfen lassen. Etwa 100 g Erdbeeren mit Zucker mixen. Restliche Erdbeeren vierteln.

Fertigstellung

Das Backfett auf [160 GRAD] vorheizen, die Knödel im heißen Fett ca. [1–2 MINUTEN] backen und auf die Teller geben. Erdbeeren rundherum anrichten und mit der Erdbeersauce überziehen. Mit Pfefferminze und Joghurt garnieren und servieren.

Tipps:

- *Auch Saucen aus Äpfeln, Birnen, Orangen oder Aprikosen, Vanille-, Mascarpone-, Karamell- oder Zimtsauce, Weißwein- oder Glühweinschaum passen je nach Jahreszeit dazu.*
- *Karamellisierte Apfelspalten, Zwetschgenröster, Birnenkompott, Orangenkompott, Zimtsahne usw. machen sich gut als Garnitur.*

Topfen-Johannisbeer-Omelett
mit Joghurteis

Joghurteis

125 g	Joghurt
50 g	Staubzucker oder Honig
1 EL	Rum
125 ml	Sahne

Omelett

100 g	Topfen
1	Eigelb
1 Pkg.	Vanillezucker
1 Msp.	Zitronenschale
1 EL	Mehl
2	Eiweiß
50 g	Zucker

Johannisbeeren

200 g	rote Johannisbeeren
3 EL	Staubzucker

Weiteres

	Butter zum Ausstreichen
	Zucker zum Ausstreuen
4 EL	Buttermilch
	Zitronenmelisse

Joghurteis

Joghurt mit Staubzucker, Rum und Sahne verrühren und in der Eismaschine oder dem Tiefkühler gefrieren lassen.

Topfen-Johannisbeer-Omelett

Backrohr auf [200–220 GRAD] vorheizen. Formen mit flüssiger Butter ausstreichen und mit Zucker ausstreuen, dann kalt stellen. Topfen mit Eigelb, Vanillezucker, geriebener Zitronenschale und Mehl glatt rühren. Eiweiß mit einem Drittel des Zuckers cremig schlagen. Ist das Eiweiß fest, nach und nach den restlichen Zucker einlaufen lassen und zu Eischnee schlagen. Eischnee mit einem Kochlöffel oder einer Gummispachtel unter die Topfenmasse heben. Die Omelettmasse in die vorbereiteten Formen (11 cm Durchmesser) 1 cm hoch einfüllen. Einige Johannisbeeren auf die Omelettmasse geben und im Backofen ca. [12–15 MINUTEN] backen.

Fertigstellung

Einige Johannisbeeren für die Garnitur beiseite legen. Die restlichen mit dem Staubzucker pürieren, eventuell passieren. Pürierte und ganze Johannisbeeren auf Teller verteilen. Buttermilch mit dem Stabmixer aufschäumen, darüber geben, je ein Omelett darauf legen und mit Staubzucker bestäuben. Mit Joghurteis und Zitronenmelisse servieren.

Variationen:
- *Sie können auch Schwarzbeeren, Brombeeren oder Himbeeren verwenden.*
- *Wenn Sie keinen Joghurt mögen, ersetzen Sie ihn durch Buttermilch.*

Tipps:
- *Die Omeletts können Sie auch in Stanniolformen, in einer Pfanne oder Kokotte backen.*
- *Ist der Eischnee fertig, schlagen Sie bitte nicht weiter, sonst kann er wieder zusammenfallen.*
- *Wenn Sie 1 Prise Salz oder 1–2 Tropfen Zitronensaft zum Eiweiß geben, wird der Eischnee schneller steif.*
- *Öffnen Sie die Ofentür erst, wenn die Törtchen fertig sind, sonst können sie durch den Luftzug zusammenfallen.*

Lebkuchenmousse auf Ananas

Lebkuchenmousse

120 g	weiße Schokolade
2 Blatt	Gelatine, eingeweicht
2	Eigelb
40 g	Zucker
1 EL	Likör (z.B. Crème de cacao oder Rum)
½ TL	Lebkuchengewürz
200 ml	Sahne, steif geschlagen

Ananas

1	Ananas zu ca. 1 kg
2 EL	Rum oder Grand Marnier
40 g	brauner Zucker

Weiteres

Braune Schokolade für das Dekormuster

Sternanis, Zimtrinde, Kardamom und Ananasblätter zum Garnieren

Lebkuchenmousse

Schokolade klein schneiden, in eine Schüssel geben und im heißen Wasserbad schmelzen lassen. Eigelb und Zucker in einer Stahlschüssel verrühren, im heißen Wasserbad mit dem Schneebesen warm schlagen. Die Schüssel vom Herd nehmen, die Gelatine schmelzen, zur Masse geben und kalt rühren. Schokolade, Likör und gesiebtes Lebkuchengewürz mit dem Schneebesen kräftig einrühren, sofort die Sahne unterheben. Die Mousse in ein passendes Geschirr abfüllen und mindestens [2 STUNDEN] kalt stellen.

Ananas

Von der Ananas die Blätter entfernen, sorgfältig schälen, den Strunk herausschneiden und die Ananas in dünne Scheiben schneiden. Die Scheiben nebeneinander auf eine Platte oder ein Backblech legen, mit Likör beträufeln, Zucker darüber streuen und im Backrohr bei [220 GRAD] oder im Salamander überbacken.

Fertigstellung

Braune Schokolade schmelzen, in eine Spritztüte füllen und auf den Teller ein Muster spritzen. Die noch warmen Ananasscheiben anrichten, aus der Lebkuchenmousse mit einem Löffel oder Eisportionierer, den man in heißes Wasser getaucht hat, Nocken ausstechen und neben den Ananasscheiben anrichten. Mit Sternanis, Kardamom, Zimtrinde und Ananasblatt aus dem Schopf garnieren und servieren.

Variationen:
- *Probieren Sie eine Mohn-, Zimt- oder Schokolademousse nach demselben Rezept.*

Tipps:
- *Wenn Sie das Gericht mit rohen Eiern zubereiten, sollten Sie es nach Fertigstellung höchstens 1 Tag im Kühlschrank aufbewahren.*
- *Anstelle der Ananas eignen sich auch Mango, Papaya, Orangen, Mandarinen usw.*
- *Reife Ananas riechen süßlich. Beim Kauf sollte man darauf achten, dass die Frucht keine weichen und dunklen Stellen hat.*
- *Sie können unter die Mousse auch 30 g geriebene Lebkuchenbrösel mischen.*

Kirschen
mit Mascarpone, gratiniert

Kirschen

¼ l	Rotwein
60 g	Zucker
1 St.	Zitronenschale
1 St.	Orangenschale
3	Gewürznelken
1	kleines Stück Zimtrinde
400 g	Kirschen, entsteint

Mascarponegratin

120 g	Mascarpone
1 EL	Staubzucker
2 EL	Speisestärke (Weizen oder Mais)
1 EL	Aprikosenlikör oder ähnlicher Likör/Schnaps
1	Eigelb
1	Eiweiß
30 g	Zucker

Weiteres

Vanilleeis
Minzespitzen

Kirschen

Rotwein auf ein Drittel einkochen lassen. Zucker, Zitronenschale, Orangenschale, Gewürznelken und Zimtrinde dazugeben und nochmals aufkochen lassen. Kirschen beigeben und [1–2 MINUTEN] leicht kochen lassen. Vom Herd nehmen und (eventuell zugedeckt) erkalten lassen.

Mascarponegratin

Mascarpone mit Staubzucker, Speisestärke, Aprikosenlikör und Eigelb in einer Schüssel gut verrühren. Eiweiß mit Zucker steif schlagen. Die Mascarponemasse noch einmal umrühren und dann den Eischnee vorsichtig untermengen. [30 MINUTEN] in den Kühlschrank stellen.

Fertigstellung

Backrohr auf [250 GRAD] vorheizen. Rotweinkirschen mit wenig Flüssigkeit in tiefe Teller geben. Mascarponemasse darauf verteilen und im Backofen bei starker Oberhitze oder im Salamander ca. [1 MINUTE] bei [250 GRAD] überbacken, bis das Gratin eine schöne braune Farbe angenommen hat. Mit Vanilleeis und Minzespitzen garnieren und sofort servieren.

Variationen:
- *Dieses Dessert können Sie auch mit Erdbeeren, Walderdbeeren, Himbeeren, Johannisbeeren oder gemischten Waldfrüchten wie Heidelbeeren, Brombeeren und Preiselbeeren zubereiten.*

Tipps:
- *Anstelle von Mascarpone können Sie auch Topfen verwenden.*
- *Verfeinern Sie dieses Rezept mit 3 Esslöffel Portwein.*
- *Auch andere Eissorten wie Zimt- oder Nusseis eignen sich für dieses Gericht.*
- *Den Kirschsaft servieren Sie, aufgegossen mit etwas Mineralwasser, Sekt oder Weißwein, als erfrischendes Getränk.*
- *Das Dessert schmeckt auch, ohne dass Sie die Kirschen überbacken.*

Apfelstrudel

Strudelteig

300 g	Mehl
200 g	Butter
100 g	Staubzucker oder Zucker
2	Eigelb
1 Pkg.	Vanillezucker
1 Msp.	Zitronenschale
1 Prise	Salz

Apfelfüllung

600 g	Äpfel (3 große Äpfel)
3 EL	Zucker (50 g)
50 g	Brotbrösel, in 1 TL Butter geröstet
2 EL	Sultaninen (40 g)
1 EL	Pignoli (15 g)
2 EL	Rum
1 Pkg.	Vanillezucker
½ TL	Zimt
1 Msp.	Zitronenschale, gerieben

Weiteres

Ei zum Bestreichen
Staubzucker zum Bestreuen
geschlagene Sahne mit etwas Zimt gemischt

Strudelteig

Mehl auf eine Arbeitsfläche geben, in die Mitte eine Vertiefung drücken. Butter in Würfel schneiden und mit Staubzucker, Eigelb, Vanillezucker, Zitronenschale und Salz in die Mitte geben und verkneten, bis keine Butterstücke mehr zu sehen sind. Dann mit dem Mehl rasch zu einem glatten Teig kneten. Etwas flach drücken, in Klarsichtfolie einwickeln und ca. [1 STUNDE] im Kühlschrank rasten lassen.

Apfelfüllung

Äpfel schälen, entkernen, in Scheiben schneiden und mit Zucker, Bröseln, Sultaninen, Pignoli, Rum, Vanillezucker, Zimt und Zitronenschale mischen. Das Backrohr auf [180 GRAD] vorheizen. Teig auf einer bemehlten Arbeitsfläche 40 x 25 cm groß ausrollen, dabei öfters mit Mehl unten und oben bestäuben und mit der Palette vom Arbeitstisch lösen. Auf ein gefettetes oder mit Backpapier ausgelegtes Backblech legen. Dazu den Teig auf das Nudelholz aufrollen und dann auf das Blech herunterrollen. Die Apfelfüllung in die Mitte des Teiges geben und in den Teig einschlagen. Den Strudel mit verquirltem Ei bestreichen, mit den restlichen Teigstreifen verzieren, nochmals mit Ei bestreichen und im Backrohr ca. [35 MINUTEN] backen.

Fertigstellung

Mit Staubzucker bestreuen und mit Zimtsahne servieren.

Variationen:
- *Anstelle der Äpfel können Sie Birnen, Trauben, Kirschen, Marillen usw. verwenden.*

Tipps:
- *Servieren Sie zum Apfelstrudel Schlagsahne oder Vanillesauce.*
- *Leichter auszurollen ist der Teig, wenn man ihn schon am Tag vorher zubereitet.*
- *Beim Ausrollen den Mürbteig zwischen zwei Klarsichtfolien geben, so lässt er sich leichter ausrollen und klebt nicht.*
- *Bevor Sie den Strudel backen, empfiehlt es sich, ihn kurz in den Kühlschrank zu geben. So behält er besser die Form und bricht beim Backen nicht auf.*
- *Sie können bei der Teigherstellung statt 2 Eigelb auch 1 Ei verwenden.*

Marzipantörtchen

Marzipantörtchen

125 g	Butter
50 g	Zucker
1 Msp.	Zitronenschale, gerieben
100 g	Rohmarzipan, fein gerieben
3	Eigelb
3	Eiweiß
1 Prise	Salz
125 g	Mehl
½ Pkg.	Backpulver
250 g	Apfelwürfel (2 Äpfel)
1 EL	Amaretto oder Rum

Rotweinäpfel

400 g	Äpfel
200 ml	kräftiger Rotwein
	Saft einer Orange
100 g	Zucker
1 TL	Honig
1	kleine Zimtstange
1 St.	Zitronenschale
2	Gewürznelken

Weißweinsauce

1	Gelatineblatt
1	Ei
30 g	Zucker
25 ml	Weißwein
15 ml	Marsala
100 ml	Sahne

Weiteres

Sahne, geschlagen
Mandeln, Beeren, Pfefferminze

Marzipantörtchen

Weiche Butter mit Zucker und Zitronenschale schaumig rühren. Marzipan ebenfalls unter die Buttermasse rühren. Eigelb nach und nach einarbeiten. Eiweiß mit einer Prise Salz zu Eischnee schlagen. Mehl und Backpulver vermischen. Abwechselnd Äpfel, Mehl, Likör und Eischnee unter die Butter-Ei-Masse mengen. Auf ein mit Backpapier ausgelegtes Blech aufstreichen. Bei [170 GRAD] ca. [20–30 MINUTEN] backen. Auskühlen lassen.

Rotweinäpfel

Äpfel schälen, das Kerngehäuse herausschneiden und in Spalten schneiden. Mit einem gezackten Ausstecher gleichmäßig ausstechen. In einem Topf Rotwein, Orangensaft, Zucker, Honig, Zimtstange, Zitronenschale und Gewürznelken erhitzen und ca. [10 MINUTEN] ziehen lassen, nicht kochen! Den Rotweinsud abseihen, Apfelspalten einlegen und diese ca. [3–5 MINUTEN] ziehen lassen.

Weißweinsauce

Gelatine in kaltem Wasser einweichen. Ei, Zucker, Weißwein und Marsala in einer Stahlschüssel verrühren und im heißen Wasserbad cremig schlagen. Gelatine ausdrücken, in die heiße Sauce geben und umrühren. Im Kühlschrank erkalten lassen, gelegentlich umrühren und zum Schluss die geschlagene Sahne nach und nach unterheben.

Fertigstellung

Die gedämpften Rotweinäpfel anrichten. Das Marzipangebäck ausstechen, mit Sahnerosette, Mandeln und Apfelspalten verzieren, in der Mitte platzieren. Mit Weißweinsauce, Beeren und Pfefferminze dekorieren und servieren.

Variationen: • *Anstelle der Äpfel passen auch Birnen, Pfirsiche, Aprikosen, Zwetschgen usw.*

Tipp: • *Anstelle der Weißweinsauce können Sie einen Weinschaum (siehe Seite 74) servieren.*

Käsekuchen

Teig

80 g	weiche Butter
3 EL	Zucker
2	Eier
100 g	Mehl
½ Pkg.	Backpulver

Käsefüllung

150 g	Butter
100 g	Zucker
1 Pkg.	Vanillezucker
6	Eigelb
600 g	Topfen (Quark)
1 EL	Sultaninen
2 EL	Rum
½ Pkg.	Backpulver
3 EL	Kartoffelstärke
1	Zitrone, Saft
1	Zitronenschale, gerieben
6	Eiweiß
1 Prise	Salz
100 g	Zucker

Teig

Alle Zutaten müssen Zimmertemperatur haben, sonst gerinnen die Eier. Sollte das trotzdem passieren, geben Sie 1 Teelöffel Mehl dazu und rühren Sie weiter, bis eine cremige Masse entstanden ist. Butter und Zucker schaumig rühren. Eier mit dem Schneebesen nach und nach einrühren. Gesiebtes Mehl und Backpulver mit der Buttermasse verrühren. Den Teig in eine gefettete und bemehlte Tortenform füllen und an den Rändern mit einem Löffel 1–2 cm hochstreichen. Das Backrohr auf [180 GRAD] vorheizen.

Füllung

Weiche Butter schaumig rühren. Zucker, Vanillezucker und Eigelb nach und nach einrühren. Topfen, Sultaninen, Rum, Backpulver, Kartoffelstärke, Zitronensaft und geriebene Zitronenschale untermischen. Das Eiweiß mit Salz leicht schlagen und mit dem Zucker zu Schnee aufschlagen. Den Eischnee unter die Topfenmasse heben, in die mit Teig ausgelegte Form einfüllen und ca. [60 MINUTEN] backen.

Tipps:
- *Den Käsekuchen können Sie noch warm mit einer Rum-Zucker-Glasur (100 g Staubzucker mit 3 Esslöffel Rum verrühren) bestreichen.*
- *Sie können auch Kokosflocken in die Käsemasse geben.*
- *Auch Früchte der Jahreszeit wie Kirschen oder Pfirsiche kann man in die Füllung legen und mitbacken.*

Apfelkrapfen

Krapfenteig

100 g	Mehl
1	Eigelb
30 ml	Wasser
1 Prise	Salz
½ TL	Samenöl
½ TL	Zucker
20 g	zerlassene oder flüssige Butter (1 EL)

Apfelfüllung

160 g	Äpfel
40 g	Zucker
½ Pkg.	Vanillezucker
½ TL	Sultaninen, grob geschnitten
50 g	süße Brösel
1 Msp.	Zimtpulver
1 EL	Rum
1 Msp.	Zitronenschale, gerieben

Weiteres

Backfett
Eiweiß zum Bestreichen

Krapfenteig

Mehl in eine Schüssel geben. Eigelb mit Wasser und Salz verrühren und zusammen mit Öl, Zucker und Butter zum Mehl geben, kurz vermischen und dann auf einer Arbeitsfläche zu einem geschmeidigen Teig verarbeiten. In Klarsichtfolie einpacken und bei Zimmertemperatur ca. [15 MINUTEN] ruhen lassen.

Apfelfüllung

Äpfel schälen, entkernen und in winzige Würfel schneiden. Zucker, Vanillezucker, Sultaninen, Brösel, Zimtpulver, Rum und Zitronenschale dazugeben, gut vermischen und [EINIGE MINUTEN] ziehen lassen.

Fertigstellung

Den Krapfenteig in zwei Stücke teilen, etwas flach drücken, mit Mehl bestäuben und mit der Nudelmaschine dünn ausrollen. Dabei öfters durch die Nudelmaschine treiben und immer dünner werden lassen. Auf die Hälfte des Teiges kleine Häufchen der Apfelfülle geben. Nun den Rand des Teiges mit Eiweiß bestreichen (verwenden Sie das Eiweiß vom Teig), den Teig zusammenfalten, mit den Händen die Ränder andrücken und mit dem Teigrad Krapfen abradeln und auf ein Tuch geben. Das Backfett auf [190 GRAD] erhitzen und die Krapfen auf einer Seite knusprig braun backen, dann mit einer Backschaufel umdrehen und auf der zweiten Seite fertig backen. Auf Küchenpapier das Öl abtropfen lassen. Mit Staubzucker bestreuen und servieren.

Variationen: • *Mohn-, Preiselbeer-, Birnen- und Kastanienkrapfen schmecken auch ausgezeichnet.*

Tipps: • *Vanille-, Zimt-, Mohn- oder auch eine Fruchtsauce passen gut zu den Krapfen.*
• *Als weitere Zutaten eignen sich für die Füllung Nüsse, Pignoli usw.*

BRAUNE KALBSSAUCE

500 g	Kalbsknochen, klein geschnitten
500 g	Kalbfleischabschnitte
80 ml	Öl
300 g	grob gewürfelte Zwiebel
100 g	grob gewürfelte Karotten
100 g	grob gewürfelter Sellerie
1 EL	Tomatenmark
¼ l	Weißwein
3 l	Wasser
	Kräuter wie Rosmarin, Thymian, Lorbeer
½ TL	zerstoßene Pfefferkörner
1 TL	Speisestärke
1 EL	Butter
	Salz
	Pfeffer aus der Mühle

Kalbsknochen und Fleischabschnitte in heißem Öl langsam braun rösten. Gemüse beigeben und ca. [5 MINUTEN] mitrösten. Tomatenmark einrühren und [EINIGE MINUTEN] durchrösten. Mit Weißwein löschen und mit ca. 3 Liter Wasser auffüllen. Langsam auf die Hälfte der ursprünglichen Flüssigkeitsmenge einkochen lassen, durch ein Sieb seihen und nochmals auf ⅓ einkochen lassen. Kräuter und Pfefferkörner dazugeben und immer wieder das aufsteigende Fett abschöpfen. Zum Schluss durch ein Sieb seihen, nochmals mit Salz und Pfeffer abschmecken, mit angerührter Speisestärke binden und mit der kalten Butter verfeinern.

WILDSAUCE

Anstelle der Kalbsknochen verwenden Sie Wildknochen und Wildabschnitte. Löschen Sie mit Rotwein und Portwein. Verwenden Sie zusätzlich zu den Kräutern noch Gewürze (z. B. Wacholderbeeren), Gin, eingeweichte Steinpilze, Sauerrahm usw.

LAMMSAUCE

Anstelle der Kalbsknochen verwenden Sie Lammknochen und Lammabschnitte. Weiters verwenden Sie zusätzlich zu den Kräutern noch Minze, Knoblauch, Zitronenmelisse usw.

Variation: • *Rindssauce: Anstelle der Kalbsknochen werden Rindsknochen verwendet.*

Tipp: • *Die Knochen können Sie im Backrohr bei 200 Grad oder auf dem Herd rösten.*

FLEISCHSUPPE

ca. 2 Liter

500 g	Rindsknochen, klein geschnitten
3½ l	Wasser
400 g	Rindfleisch (Schulter, Brust oder Wade)
100 g	Zwiebel mit Schale
je 80 g	Karotten, Sellerie und Lauch
½	Tomate
4	Petersilienstängel
8	Pfefferkörner, zerdrückt
1	Lorbeerblatt
1	Knoblauchzehe, Salz

Rindsknochen ca. [10 MINUTEN] in Wasser kochen lassen, um sie zu reinigen. Mit 3½ Liter kaltem Wasser auffüllen und zum Kochen bringen. Mit einer Schaumkelle ständig aufsteigenden Schaum und Fett abschöpfen. Rindfleisch dazugeben. Zwiebel mit der Schale halbieren, in einer Pfanne ohne Fett braun braten und in die Suppe geben. Nach ca. [1 STUNDE] das geputzte und gewürfelte Wurzelgemüse, Tomaten, Petersilienstängel, Pfefferkörner, Lorbeerblatt und Knoblauchzehe der Suppe beigeben und noch ca. [1 STUNDE] leicht kochen lassen. Fleisch herausnehmen und in kaltes Wasser legen. Suppe abseihen und abschmecken.

Tipps:
- *Das gekochte Rindfleisch kann für Rindfleischsalat oder eine Sülze verwendet werden.*
- *Achten Sie darauf, dass die Suppe nicht zu stark kocht, da sie sonst trüb wird.*

FISCHBRÜHE

¼ Liter

250 g	frische Gräten und Abschnitte, zerkleinert
1	kleine Zwiebel
1	kleine Selleriestange
¼	Stange Lauch
1 l	kaltes Wasser
5	weiße Pfefferkörner, zerdrückt
1	Thymianzweig
1	kleines Lorbeerblatt
3	Petersilienstängel

Die Fischgräten und Abschnitte gründlich waschen. Zwiebel, Sellerie und Lauch putzen und in kleine Stücke schneiden. In einen Topf zu den Fischgräten geben, mit Wasser auffüllen. Pfefferkörner, Thymian, Lorbeerblatt und Petersilienstängel beigeben und auf kleiner Flamme ca. [20 MINUTEN] sieden lassen. Regelmäßig den Schaum abschöpfen. Abseihen.

FISCHSAUCE

½ Liter

50 g	Schalotten oder Zwiebel, fein geschnitten
100 ml	Weißwein
250 ml	Fischbrühe (siehe Seite 105)
150 ml	Sahne
2	Thymianzweige
1	Spritzer Zitronensaft
	Salz
	weißer Pfeffer aus der Mühle
3 EL	geschlagene Sahne

Schalotten mit dem Weißwein fast vollständig einkochen lassen. Fischbrühe dazugießen und wiederum um ½ einkochen lassen. Sahne angießen und wieder um ein ¼ einkochen lassen. Thymian und Zitronensaft dazugeben, mit Salz und Pfeffer würzen, eventuell mit etwas angerührter Speisestärke binden und mit der geschlagenen Sahne mixen bzw. aufschäumen.

Tipps:
- *Verwenden Sie nur Karkassen von frischen Plattfischen, möglichst ohne Köpfe, weil sonst die Sauce tranig wird.*
- *Die Fischsauce kann man mit Sekt, Champagner, Zitrone, Safran, Kerbel, Dill oder Schnittlauch verfeinern.*

EIERNUDELTEIG

300 g Teig

100 g	Mehl
100 g	Hartweizengrieß
2	Eier (zu je 53–63 g)
1 TL	Olivenöl
	Salz

Mehl und Hartweizengrieß in eine Schüssel geben und mit Eiern, Olivenöl sowie Salz vermischen und auf einem Tisch oder Nudelbrett zu einem geschmeidigen, aber doch relativ festen Teig kneten. Den Teig mit einer Klarsichtfolie gut zugedeckt [30 MINUTEN] ruhen lassen.

SAFRANRISOTTO

4 Personen

300 g	Rundkornreis
50 g	Zwiebel
2 EL	Olivenöl
1 EL	Butter
⅛ l	Weißwein
1 l	Fleischsuppe oder Wasser
	einige Safranfäden oder 1 Briefchen Safran
	Salz
	Pfeffer aus der Mühle
1 EL	kalte Butter
30 g	Parmesan, gerieben

Zwiebel schälen, fein schneiden und im Olivenöl mit einem Esslöffel Butter anschwitzen. Den Reis (Arborio, Vialone oder Carnaroli) einrühren, bei geringer Hitze glasig dünsten und mit Weißwein löschen. Wenn der Weißwein aufgenommen wurde, nach und nach die Fleischsuppe angießen und einkochen lassen. Salzen und unter mehrmaligem Rühren [18–20 MINUTEN] kochen lassen. Zum Schluss, wenn der Reis bissfest, also »al dente« ist, mit dem in etwas Wasser aufgelösten Safran, Salz und Pfeffer abschmecken, den Risotto vom Herd nehmen und die kalte Butter sowie den frisch geriebenen Parmesan unterrühren. Der Risotto soll eher flüssig bis cremig sein.

GEDÜNSTETE PFIFFERLINGE

4 Personen

200 g	Pfifferlinge
50 g	Zwiebel
1 EL	Olivenöl
1 EL	Butter
1 TL	Majoranblätter
	Salz, Pfeffer

Pfifferlinge putzen, kurz waschen und auf Küchenpapier geben. In einer heißen Pfanne mit Öl und fein geschnittenem Zwiebel kurz dünsten. Zum Schluss kalte Butter und fein geschnittenen Majoran unterrühren, bis sich die Butter aufgelöst hat.

GLASIERTE SCHALOTTEN

4 Personen

12	mittelgroße Schalotten
1	Thymianzweig
2 EL	Olivenöl
	Salz, weißer Pfeffer
1 EL	Butter
1 EL	Zucker

Geschälte Schalotten in ein passendes Geschirr geben. Thymian und Olivenöl dazugeben, salzen und pfeffern. Mit Alufolie abdecken und im vorgeheizten Backrohr bei [110 GRAD] ca. [1 STUNDE] schmoren lassen. Zucker mit Butter in einer Pfanne leicht bräunen und die Schalotten darin leicht karamellisieren.

KARTOFFELPÜREE

4 Personen

500 g	Kartoffeln, mehlig
40 g	Butter
1 Msp.	Muskatnuss, gerieben
	Salz
120 ml	Milch, heiß

Kartoffeln schälen, waschen und in große Würfel schneiden. In Salzwasser besonders weich kochen und abseihen. Noch heiß durch die Kartoffelpresse drücken. Butter einrühren, nachsalzen und mit geriebener Muskatnuss würzen. Milch nach und nach unterrühren, bis das Püree flaumig wird.

Variation: • *Kräuter-Kartoffelpüree: Kurz vor dem Servieren zwei bis drei Esslöffel frisch geschnittene Kräuter (Petersilie, Schnittlauch, Kerbel) unter das Püree mischen.*

VANILLESAUCE

½ Liter

¼ l	Milch
60 g	Zucker
1 Pkg.	Vanillezucker oder 1 Vanilleschote
1 Msp.	Zitronenschale
1 Prise	Salz
3	Eigelb
1 TL	Speisestärke (8 g)
⅛ l	Sahne, geschlagen

Milch mit 20 g Zucker, Vanillezucker oder der aufgeschnittenen Vanilleschote, der geriebenen Zitronenschale und Salz zum Kochen bringen. Eigelb mit dem restlichen Zucker (40 g) und der Speisestärke in einer Schüssel verrühren, die kochende Milch dazugießen und unter ständigem Rühren auf den Siedepunkt bringen. Eventuell durch ein Sieb passieren, leicht auskühlen lassen und die geschlagene Sahne unterheben.

Küchenfachausdrücke

Kochen ist eine Kunst, die eine eigene Sprache besitzt. Vieles ist nur für Profis verständlich, doch die einschlägigen Grundbegriffe sollte auch der Laie kennen.

Ablöschen
Zugabe von Wein, Suppe, Likör nach dem Anbraten von Fleisch oder dem Andünsten von Gemüse, Früchten. Beim Fleisch wird so der Bratensatz unter Rühren gelöst, um daraus eine Sauce zu machen.

Abschrecken/Abfrischen
Einen Garprozess abrupt beenden, indem man das Gargut, z. B. grünes Gemüse, abgießt und sofort in kaltes Wasser oder Eiswasser taucht, um die Farbe zu erhalten.

Anbraten
Bei starker Hitze in sehr heißem Fett z. B. Fleisch schnell anbräunen, damit sich die Poren schließen und das Fleisch saftig bleibt.

Anschwitzen
Zwiebel, Gemüse, Fleisch oder Mehl in heißem Öl oder Butter bei geringer Hitze leicht bräunen, ohne Farbe nehmen zu lassen.

Blanchieren
Kurz mit siedendem Wasser überbrühen.

Bratensatz
Beim Braten zurückgebliebene Röststoffe, die für die Saucenherstellung verwendet werden.

Dressing
Kalte Würzsauce (Salatsauce), die erst kurz vor dem Servieren zum Salat gegeben wird.

Dünsten
Garen in wenig Flüssigkeit und Fett oder in eigenem Saft bei geringer Temperatur, meist im geschlossenen Topf.

Einkochen / Reduzieren
Saucen, Suppen und Wein im offenen Topf so lange kochen, bis eine sämige oder sirupartige Konsistenz entsteht, die den Geschmack intensiviert.

Garziehen / Pochieren
Langsames Garen in Flüssigkeit wie Brühe, Suppe, Wein usw., die nicht kochen darf, also unterhalb des Siedepunktes. Empfindliches Kochgut wie Fisch, Eier wird dadurch nicht zerstört.

Gratinieren
Fertigen Gerichten durch Backen mit Oberhitze eine bräunliche Kruste geben.

Karamellisieren
Bräunen und Schmelzen von Zucker oder Staubzucker, öfters auch mit Butter.

Marinieren
Fisch, Fleisch, Gemüse, Salate, Früchte usw. in einer Würze (Marinade aus Öl, Kräutern, Likör usw.) einlegen oder anmachen, um das Aroma zu verstärken oder um die Speisen mürber oder länger haltbar zu machen.

Parfait (französisch)
Semifreddo (italienisch), Halbgefrorenes (deutsch), kommt aus dem Französischen und bedeutet: besonders fein, luftig.

Passieren
Suppen, Saucen, Cremen durch ein feines Sieb streichen, sodass Haut, Kerne und andere Rückstände zurückbleiben. Cremige Suppen und Saucen werden so noch feiner.

Pürieren
Rohe oder gekochte Lebensmittel mit Pürierstab, in der Moulinette oder im Mixer fein zerkleinern.

Salamander
Küchengerät nur mit Oberhitze zum schnellen Überbacken bzw. Gratinieren.

Schmoren
Fleisch oder Gemüse werden zunächst in heißem Fett bei starker Hitze von allen Seiten angebraten und anschließend mit Brühe zugedeckt im Ofen oder auf dem Herd fertig gegart.

Unterheben
Steif geschlagenes Eiweiß oder Sahne langsam mit dem Schneebesen in eine Creme oder eine Masse einrühren, damit diese besonders locker wird.

Wasserbad
In einen Topf mit wenig siedendem oder heißem Wasser wird ein zweiter Topf oder eine Metallschüssel gehängt, damit das Kochgut nur durch den Dampf erhitzt wird.

Zuputzen / Parieren
Vorbereiten von Fleisch bzw. Fisch durch Wegschneiden von Sehnen, Häutchen usw.

Register

Eine kulinarische Reise von den Alpen in den Süden

So kocht Südtirol

Bereits der Untertitel signalisiert die Besonderheiten dieses Kochbuches. So wie in Südtirol zwei Kulturen aufeinander treffen, begegnen sich auch zwei verschiedene Küchen, nämlich die mediterrane Küche und jene des Alpenraumes. Aufgrund der vielen Rezepte und Informationen kann dieses Buch mit Recht als das Standardwerk der Südtiroler Küche bezeichnet werden!

- 540 Seiten, 350 Farbfotos, 45 Grafiken
- 850 Rezepte der Südtiroler, italienischen und internationalen Küche
- Vielfach erprobt und leicht nachzukochen
- Rezepte für Brot, Marmeladen, Cocktails usw.
- Informationen über Gemüse, Küchengeräte, Warenkunde usw.
- Für Anfänger und Profis

ISBN 88-8266-015-X
8. Auflage

Antipasti, Risotti, Pasta, Dolci ...

So kocht Italien

- Ca. 600 Rezepte, ca. 400 Seiten
- Auserlesene Rezepte erinnern Sie an den letzten Urlaub
- Leicht zum Nachkochen
- Auch für Anfänger
- Tipps und gute Empfehlungen
- Wissenswertes über mediterrane Zutaten
- Wein und Grappa, die edlen Begleiter italienischer Gaumenfreuden
- Fantastische Farbfotos wecken Lust zum Ausprobieren
- Ein Kochbuch für Genießer und Reiselustige

Voraussichtlicher Erscheinungstermin: Herbst 2004

ISBN 88-8266-202-0

HEINRICH GASTEIGER, geboren in Luttach/Ahrntal, wohnt heute in Lana bei Meran (Südtirol). Der Küchenmeister und Fachlehrer unterrichtet seit 1985 an der Landeshotelfachschule Kaiserhof in Meran. Auslandstätigkeiten in gehobenen Küchen in Deutschland, Österreich und der Schweiz. Er nahm als Teamchef des Südtiroler Köcheverbandes (SKV), dessen Vizepräsident er war, erfolgreich an Kochkunstausstellungen (Wettbewerben) teil. Gasteiger veröffentlichte zahlreiche Beiträge in Gourmetmagazinen, publizierte Rezeptbroschüren, Kochkalender und Videos und ist Autor mehrerer Kochbücher und Gastronomieführer. Er ist auch Produktentwickler für Lebensmittel und Food-Designer.

GERHARD WIESER, geboren in Rasen (Südtirol). Nach der Ausbildung zum Küchenmeister und diplomierten Diätkoch sammelte er internationale Erfahrung bei Spitzenköchen in Europa und Asien. Bei internationalen Wettbewerben gewann er Gold- und Silbermedaillen. Derzeit ist er als Küchenchef im Fünf-Sterne-Hotel Castel in Dorf Tirol tätig, dessen Küche er zu drei Hauben (17 Punkte Gault Millau) führte. Gerhard Wieser publizierte verschiedene Fachbücher, Rezeptbroschüren, gastronomische Kalender und veröffentlichte Artikel in Gourmetzeitschriften. Er entwickelt als Food-Consulter innovative Produkte im Feinkost- und Lebensmittelbereich.

HELMUT BACHMANN, geboren in Antholz-Mittertal, wohnt mit seiner Frau und den drei Kindern in Vahrn (Südtirol). Der Küchenmeister unterrichtet seit 1983 an der Berufsschule Emma Hellenstainer in Brixen. Für die italienische Köchenationalmannschaft nahm er an Wettbewerben in Frankfurt, Luxemburg, Basel, Chicago und Wien teil. Als Referent gibt er sein Wissen bei Kochseminaren im In- und Ausland weiter. Weiters hat er zahlreiche Beiträge in Form von Fachartikeln, Rezeptbroschüren und Kochkalendern veröffentlicht. Er ist auch Koautor verschiedener einschlägiger Fachbücher.

FOLGENDE FIRMEN HABEN DIESES KOCHBUCH UNTERSTÜTZT

Die Sennerei Algund bietet den großen und kleinen Milchfans eine köstliche Vielfalt an herrlichem Käse, frischer Milch und Rahm, guter Butter aus Sauerrahm und urgesundem Quark.

Weinkellerei & Weingüter Josef Brigl: das Traditionshaus der hochwertigen Weine, vom klassischen Tropfen bis zum absoluten Spitzenwein, für jeden Geschmack! www.brigl.com

Die Firma Fantini Silvano bietet allen Kunden diese weltweiten Neuheiten: Induktionsherde Menu System, Anliker-Gemüseschneidemaschine, Dessertmaschine Paco Jet, Mixer Rotor GT 800 und professionelle Saftzentrifuge mit Rotor Vitamat und Sanamat.

Seit über 35 Jahren der zuverlässige Lebensmittel-Lieferant für jede feine Küche!
www.foppa.com

BILDNACHWEIS

Athesia-Archiv 14
foto focus, Brixen 21, 25, 37, 57, 61, 85, 91
Daniela Kofler 11, 13, 16, 23, 29, 31, 33, 39, 41, 45, 51, 71, 75, 77, 79, 81, 89, 95, 97, 99, 101, 103
Manuela Prossliner 67, 69, 87
Alexa Rainer 49, 65
Roland Schatzer 43, 53, 55, 83, 93
SMG – Südtiroler Marketing Gesellschaft 2
Daniel Werner 27, 35, 59, 63